昇任試験 合格面接の絶対ルール

地方公務員面接研究会 編著

学陽書房

はじめに —— 面接試験対策は戦略的に取り組もう！

　本書は、自治体の係長試験、管理職試験における面接試験対策について、時間のない受験者の方でも最低限の時間と最少の労力で合格できるノウハウをまとめた本です。

　面接試験は、具体的な対策方法がわかりにくく、手探りで対策することになりがちです。また、面接試験の対策に十分な時間をとれる人は少ないでしょう。短時間で対策するためには、十分な戦略とそれに基づく事前準備が必要です。

　従来の対策本では、想定される質問への回答例が羅列されているものが多く、時間のない受験者には読み切れないケースもありました。面接試験には一定のルールとパターンがあります。闇雲に質問と回答例を読むよりも、効率的に回答の基本ルールやパターンを学び、回答の対処能力を向上させることのほうが重要です。

　本書では、回答のノウハウや勉強の仕方等をコンパクトにまとめるとともに、これだけは把握しておくべき頻出の面接シート方式問題と事例式問題を類型化し、厳選して掲載しています。時間のない受験者の方でも、本書に掲載されている考え方と問題さえ押さえておけば、必ずや合格を勝ちとることができるものと自負しています。

　なお、本書は、単なる面接試験対策本にとどまるものではないと考えています。特に事例式面接への対策は、皆さんが係長や管理職となった場合に直面する課題解決のプロセスをシミュレーションするものであり、面接準備の際の想定質問の作成は、管理職の議会答弁対策や係長が住民説明会等で質疑応答をする際の事前準備と全く同じプロセスとなります。本書で学んだことは、必ず今後の公務員人生において役立つはずです。

　本書を活用して、最短距離で合格をつかみ、新たな公務員人生のステップアップを図りましょう。

平成30年6月

著者

もくじ

はじめに …………………………………………………………3

第1章 面接試験対策の絶対ルール

1 試験方法とその狙いを頭に叩き込む！ ………………8

2 情報収集で面接の実際を把握する！ …………………10

3 係長と管理職の違いを意識する！ ……………………11

4 想定質問をつくり自分でつっこみを入れる！ …………14

5 事前訓練でも声に出して回答する！ …………………17

第2章 面接シートの書き方と回答ノウハウ

1 面接シートの書き方と想定される質問 …………………20

2 長所・短所 ………………………………………………24

3 過去の担当業務 …………………………………………28

4 昇任を希望する理由 ……………………………………32

5 自己啓発の方法 …………………………………………36

6 組織の目標達成のために取り組んだこと ………………40

7 最も困難と感じた業務 ………………………… 46

8 市の組織管理・運営面で改善したいこと ……… 50

9 係長・管理職となった場合の心構え …………… 54

第3章 これだけは押さえておきたい！必須の事例式問題

1 出題形式と出題パターン …………………………… 60

2 事故への対応 ……………………………………… 66

3 窓口トラブル、クレーム対応 …………………… 70

4 業務量の調整 ……………………………………… 74

5 業務の見直し・改善 ……………………………… 78

6 係員の指導・教育 ………………………………… 82

7 職場における情報共有・コミュニケーション …… 86

8 上司・部下への対応 ……………………………… 90

9 不祥事発生時における議員・住民・マスコミ対応 …… 94

10 住民・議員の利害調整 …………………………… 98

11 課の業務調整 ……………………………………… 102

12 問題のある係長への対応 ………………………… 106

13 議員への対応 ……………………………………… 110

14 係間の調整 ………………………………………… 114

これで合格！面接本番の絶対ルール

1 一問一答を心がける……………………120
2 理想論に終始せず具体例を示す……………121
3 謙遜し過ぎない、不利なことはあえて言わない……122
4 本音を言い過ぎない……………………123
5 沈黙は可能な限り避ける………………124
6 ウソや取り繕った回答は避ける…………125
7 圧迫面接や意地悪な質問をされても反論しない……126
8 「他には？」の連発には視点をかえて回答……127
9 最後に必要なのは熱意と勇気……………128

第1章

面接試験対策の絶対ルール

　そもそもなぜ面接試験が行われるのでしょうか？　論文試験と違い、面接試験では、その場で即座に考え、解決策を導き出せるかといった、より実践的な対処能力が問われます。

　とはいえ、面接試験にも王道ともいえるルールがあります。そうしたルールをきっちり押さえておきましょう。

1 試験方法とその狙いを頭に叩き込む！

1 面接試験は何のために行われるのか？

　自治体の昇任試験における面接試験は、何のために行われるのでしょうか？

　論文試験が、主に、自治体において発生する課題の把握と解決策の提示を論理的に行うことができるかを確認するために行われるのに対し、面接試験では、その場で即座に考え、解決策を導き出せるかといった、より実践的な対処能力を確認するために行われます。面接試験では、予想しないような質問が飛んでくることもあり、そのような質問への対処能力も問われることとなります。

　また、論文試験では読み取れない、係長や管理職となるにあたっての心構えが十分備わっているか、適性があるか、係長や管理職になった場合に、日々発生する課題を正確に把握し、対応していけるか等も確認されます。

　このように、論文試験だけでは把握できない、職員としての総合力を確認するために行われるのが面接試験であるといえます。

2 面接試験の方式を知ろう

　面接試験の方式は、大きく、以下の3つに分類できます。

　なお、実際の面接試験では、これらを複数組み合わせて実施されるケースもあります。

①面接シート方式

　事前に指定された面接シートに必要事項を記入し、記入内容に基づいて面接官が質問していく方式です。

　例えば、「昇任を希望する理由」「自己啓発の方法」「組織の目標達成の

ために取り組んだこと」「最も困難と感じた業務」「市の組織管理・運営面で改善したいこと」といった設問について、シートに端的に記入します。

「組織の目標達成のために取り組んだこと」という設問であれば、面接シートに記入した取組みについて、「周囲からの反対はありませんでしたか？」「反対があったとしたら、どのようにしてその反対者を説得したのですか？」といったように、記入内容について掘り下げた質問が行われます。

②事例式

職場における課題や対外的な課題に関する事例が提示され、それを数分間で読んだ後、面接官がその対応策について質問をしていく方式です。

例えば、「あなたの職場の部下のAという職員が、誤って個人情報を含むデータをメールで配信してしまいました」といった事例を数分間で読み、その後に「あなたが係長（管理職）だったら、どのように対応しますか？」と、面接官から質問されます。そして、回答した内容に対して、さらに掘り下げた追加質問が行われていきます。

③フリー応答方式

面接官が自由に質問をし、それに対して受験者が回答する方式です。志望理由や過去の業務実績を聞かれることもあれば、例えば「待機児童の問題についてどう対応しますか？」といった具体的な課題についての対応策を聞かれることもあり、自由な内容で質問が展開されます。

フリー応答方式で質問される内容は、基本的には、面接シート方式・事例式の内容と同様と考えて構いません。

本書では、上記の面接試験の方式のうち、「面接シート方式」及び「事例式」を取り上げています。

面接シートの具体的な書き方と質問への回答方法のノウハウについては、第2章で説明します。事例式の具体的な回答方法のノウハウについては、第3章で説明します。

第1章 面接試験対策の絶対ルール 9

2 情報収集で面接の実際を把握する！

1 面接官の数、面接時間などを情報収集

　面接試験には、主に、複数の面接官と１人の受験者で行う場合、複数の面接官と複数の受験者で行う場合の２パターンがあります。

　面接時間は自治体によって異なりますが、概ね10〜30分程度となります。

　自分の自治体の人事担当部署が出している面接試験の概要を確認したり、先輩に確認したりすることで、あらかじめ面接試験の実際を把握しておきましょう。

2 面接官は受験者のどこを見るのか？

　面接官は、係長と管理職のそれぞれに求められる能力を確認するために受験者に質問を行い、その回答内容や態度等から評価を行います。

　管理職は係長の延長線上にありますが、両者は職責が異なることから、求められる能力にもおのずと違いが出てきます。いずれの試験を受けるにせよ、この違いを意識しておくことが重要です。なぜなら、係長試験を受験する人が管理職の視点で回答してしまったり、管理職試験を受験する人が係長の視点で回答してしまったりすると、面接官によっては「昇任後の立場や職責を理解していない」と判断されてしまう可能性があるからです。

3 係長と管理職の違いを意識する！

　係長と管理職のそれぞれに求められる能力を示します。両者の違いと共通項目をここで確認しておきましょう。

1 係長に求められる能力

　係長には、係をまとめるリーダーとして、以下のような能力が求められます。

①リーダーシップ

　係長には、係そして課の目標の達成に向けて係員を引っ張っていくリーダーシップが求められます。

　係員の意見をよく聞いて判断することも重要ですが、例えば意見が対立する場合には、リーダーシップを発揮して決断し、係員を説得して係を引っ張っていくことも必要です。

②部下の育成・指導力

　係長には、係員の特性や能力に応じて業務の進め方等に関する指導を行い、その能力開発を促すことが求められます。

③進行管理能力

　係長には、所掌する業務の実行計画を作成し、その進行管理を適切に行うことができる能力が求められます。

④折衝・調整力

　係長には、関係者との折衝・調整を適切に行い、業務を適切な方向に導くことができる能力が求められます。

⑤コミュニケーション能力

　係長には、地域住民や職員と円滑なコミュニケーションを図る能力が求められます。また、いわゆるクレーマーなどに対しても適切に対応できるような能力が求められます。

第1章　面接試験対策の絶対ルール　11

⑥ストレス耐性

　係長になると、例えば、管理職から高い目標を提示される一方で、部下が思い通りに動かないといったように、困難な状況に追い込まれることがあります。そのような厳しい状況であっても仕事を放り投げることなく、心と体のバランスを保って取り組んでいくことができるようなストレス耐性を備えていることが求められます。

2 管理職に求められる能力

　管理職に求められるのは、以下のような能力です。係長と比べ、答弁をはじめとする議会対応能力、より広い視点からの政策立案能力、管理能力、調整能力等が求められます。

①議会対応能力

　管理職にとって非常に重要となるのが議会対応です。委員会等の場で議員に質問された内容に、その場で即座に的確な回答をすることができる能力が求められます。

　地域住民の代表である議員からは、様々な地域における課題に関する要望や要求が寄せられます。実際にはこれらの要望や要求のすべてを受け入れることは困難です。全体的な必要性を踏まえて判断し、議員に対して説明していくことができるかが求められます。

②政策立案能力

　管理職には、地域における課題を的確に把握し、その解決のために政策・施策を立案し、実行していく能力が求められます。また、その政策・施策の実現のために、庁内調整や議会対応を行う能力も求められます。

③リーダーシップ

　管理職には、職員に課としての方針や目標を示し、その目標に向けて職員を統率し、職員を鼓舞しながら目標を達成していく能力が求められます。

④調整能力

　管理職には、様々な関係者間の利害調整や合意形成、他の部署との連

携、トラブル対応といった関係者間の調整を行うことができる能力が求められます。

⑤指導力

　管理職には、係長よりも一段高い、中長期的な視点から、「この職員を管理職候補として育成する」「不足している能力を育成するために〇〇の業務を担当させる」といったように、部下のこれまでのキャリアも踏まえながら、その成長のために指導を行う能力が求められます。

⑥判断能力

　管理職になると、同時に複数の問題が発生し、それに対処しなければならなくなることがあります。このような場合に、状況をよく把握し、緊急度と重要度を踏まえた判断を行うことができる能力が求められます。

⑦ストレス耐性

　管理職になると、職員の増員が難しい中で議員や地域住民の様々な要求に対応したり、新規事業を実施したりといったように、非常に厳しい状況に直面することとなります。そのような状況であってもストレスに押しつぶされることなく、前向きに、部下の健康面にも配慮しながら取り組んでいくことができる能力が求められます。

4 想定質問をつくり 自分でつっこみを入れる！

1 想定質問を作成しよう

　面接官からの質問に対して、その場ですぐに的確な回答をするために
は、事前の準備が重要です。そこで、面接シート方式と事例式で想定さ
れる質問と回答案（想定 Q&A）を作成しておきましょう。

　もちろん、想定 Q&A を作成しても、実際の面接でそのまま出題され
るとは限りません。ただ、事前にあらゆる想像をめぐらせて質問と回答
案を作成しておくことで質問への対処能力が向上し、心理的にも余裕が
出てくるので、作成をおすすめします。

　以下の例のように、文章を長く書くのではなく、ポイントだけを箇条
書きにし、それに基づき回答できるように準備しておくとよいでしょう。

①面接シート方式の場合の想定 Q&A 作成例

　面接シート方式の場合で、例えば、「過去に最も困難と感じた業務に
ついて記入してください」という設問に対し、面接シートに以下のよう
に記入していたとします。

【面接シートの設問と回答例】

過去に最も困難と感じた業務について記入してください
・担当していた保育所の新規開設において、一部の地域住民の反対があるなか、上司や同僚と連携して説得にあたり、新規開設を実現することができた。

　面接シート方式の場合、自分で書いた文章に対して、「つっこみ」を
入れてみましょう。それが、面接官からの質問になります。そしてそれ

に対する回答のポイントを箇条書きしましょう。

　例えば、以下のようになります。

【想定 Q&A の作成例】

> **Q** 地域住民からの反対を具体的にどのように説得したのか？
>
> **A** ・保育所の不足状況をデータで見せ、開設の必要性をうったえた。
>
> 　・騒音等に最大限配慮することを説明し、理解を求めた。
>
> 　・町会長と相談して何度も説明を行い、開設に漕ぎつけた。
>
> **Q** 利害がバッティングした場合の調整で重要なことは？
>
> **A** ・双方の主張に理解を示しつつ、データや折衷案を示し、対話する中でお互い歩み寄れる部分を探していくこと。

②事例式の場合の想定 Q&A 作成例

　事例式面接で、例えば、以下のような事例が出題されたとします。

〈事例文〉

> 　あなたは A 係の係長です。A 係では、今年度から新規事業を実施することとなりましたが、現在、その担当者である B 主任が、庁内調整からスケジュール管理まで対応し、毎日遅くまで残業をしている状況にあります。他の係員もそれぞれ複数の業務を担当していますが、そこまで残業が多い状況ではありません。

　事例式面接の場合、職場における何かしらの問題やトラブル等が出題されます。そこで、事例の中から問題点を見つけ、それを質問として書きだし、質問への回答のポイントを箇条書きしましょう。

　また、自分の回答した内容に対して「つっこみ」を入れ、さらなる質問と回答も考えて記入してみましょう。

　例えば、次ページのようになります。

第 1 章　面接試験対策の絶対ルール　**15**

【想定 Q&A の作成例】

Q この事例では何が問題か？

A ・B 主任だけに業務が偏っており、B 主任の不満が溜まり、モチベーションの低下を招く可能性がある。

・B 主任の体調やメンタルヘルスに支障をきたす可能性もあり、早急に業務量を平準化する必要がある。

Q どのように係員の業務量の平準化を図るのか？

A ・各係員の能力や適性、現在の業務量と業務の困難度を十分勘案したうえで、業務を配分する。

・短期的な対応で足りる場合は、定例的な業務を他の係員に担当させるなどにより対応する。

・中長期的に業務量が多い状況が続く場合には、係全体の業務分担の変更も含めて検討・実施する。

・無駄な業務がある場合には効率化を図り、時間を生み出す。

Q 業務量が増える係員から反対意見が出たらどうするか？

A ・係会を開いて、B 主任の残業が続いており業務量を平準化する必要があること、係で新規事業を成功させる必要があることを伝え、フォロー体制を係員全員で話し合い、決定する。

　この作業は、特に管理職になる人にとっては、議会答弁における想定 Q&A の作成と全く同じプロセスとなります。また、係長が住民説明会の想定 Q&A を作成する際と同じプロセスとなります。単なる試験対策と思わず、ここでしっかりとその対応方法を身につけておきましょう。

　第 2 章では面接シート方式の想定 Q&A、第 3 章では事例式の想定 Q&A を示しています。これらを参考に、自分で想定 Q&A を作成しましょう。

5 事前訓練でも声に出して回答する！

1 想定Q＆Aを作成しただけではダメ！

　想定Q＆Aを作成して、面接対策は終了したと安心してはいけません。
「こんな質問が来たらこのように回答しよう」と頭では理解していても、
いざ実際の面接の場面になると緊張して言葉が出てこないというのはよ
くあることです。

　そこで、面接本番での回答の対処能力を向上させるため、想定Q＆A
を作成したら、想定質問に対して、実際に声に出して回答する訓練をし
ましょう。

2 質問を見て即座にポイントを思い出す

　その際には、想定Q＆Aに箇条書きで書いた回答のポイントを目で見
て回答するのではなく、質問だけを見て、即座にポイントを頭に思い起
こし、自分の言葉を補いながら回答できるように訓練しましょう。

　このように、即座に回答のポイントを頭に思い起こせるようにするた
めには、想定Q＆Aを箇条書きでシンプルに作成し、しっかりと頭にイ
ンプットしておくことが重要です。

　さらに、自分が答えた内容について、面接官の質問を考え、それに対
してまた回答するといったことを繰り返していきましょう。

　実際に声を出して回答するシミュレーションを繰り返していくこと
で、少しずつ自信がついてくるはずです。

第1章　面接試験対策の絶対ルール　17

第2章

面接シートの書き方と回答ノウハウ

面接シート方式の場合、面接官は、面接シートに記入された内容を見て、興味のある部分を掘り下げて質問してきます。そのため、どのように面接シートに記入するかで勝負が決まってきます。面接官の興味を引き、自分のよい部分をPRできるような戦略的な面接シートの書き方と、面接官へのPRポイントをしっかり頭に入れましょう。

1 面接シートの書き方と想定される質問

1 面接シートへの主な記入事項

　面接シートは、Ａ４サイズ１枚から２枚程度が通常となっています。面接シートの例をP.22、23に示しましたので参考にしてください。

　面接シートには、主に以下のような項目の中から数問を記入することとなります。

　・長所・短所
　・過去の担当業務
　・昇任を希望する理由
　・自己啓発の方法
　・組織の目標達成のために取り組んだこと
　・最も困難と感じた業務
　・市の組織管理・運営面で改善したいこと
　・係長・管理職となった場合の心構え

2 面接官の興味を引く書き方を

　面接官は、受験者が記入したシートの中から、評価をするうえで重要だと思われる部分、掘り下げて聞いてみたい部分を探し、そこを集中的に質問してきます。面接時間が限られている中で、評価の判断につながらないやりとりは時間の無駄になるためです。

　そのため、自分がPRしたい点を聞いてもらえるように、面接シートは戦略的に面接官の興味を引くような書き方をすることが重要です。

　設問１項目あたりに記載できる文章の長さは、自治体によりますが、通常、２～５行程度です。いかに端的に面接官の興味を引くような文章を書くかがポイントとなります。複数の内容を書く場合は、読みやすい

ように箇条書きで書くようにしましょう。

　例えば、「これまでの業務で成果を上げた取組み」という設問に対して、「統計データを収集して分析し」と具体的に書くことで、面接官が「どのようなデータを分析して、どのような課題が見えたのか？」と興味を抱き、その部分について質問をしてくる可能性があります。もちろん、その質問に対して回答できるように、しっかりと準備をしておきましょう。

　一方で、仮に長く文章を書ける場合でも、自分がPRしたいポイントを細かく書き過ぎると、面接官が質問することがなくなってしまう可能性がありますので注意しましょう。

3 面接シートへの記入方法と評価のポイント

　以下、想定される主な面接シートへの記入事項を八つピックアップし、それぞれについて、面接官は何を聞きたいと考えているのか、面接シートに何を記入すればよいのか、どのような点をPRすればよいのかをポイントを絞って示すとともに、面接シートの記入例、面接における実際のやりとりの例を示します。

　係長試験と管理職試験に共通する項目もありますが、試験区分によって書くべき内容や回答すべき内容が変わってくる場合もありますので注意してください。

（面接シート例）―様式例

選考区分	事務	職種	事務	受験番号	
氏名			所属		

過去の担当業務

平成○～ ○年度				
令和○～ ○年度				

長所	
短所	

昇任を希望する理由

自己啓発の方法

過去1～2年で組織の目標達成のために取り組んだこと

過去に最も困難と感じた業務とその内容

市の組織管理・運営面で改善したいこと

係長となった場合の心構え

（面接シート例）―記入例

選考区分	事務	職種	事務	受験番号	001
氏名	学陽　花子		所属	総務部総務課総務係	

過去の担当業務

平成○～○年度	子育て支援部保育課	保育所の施設に関する計画策定、地元や庁内の調整事務等
令和○～○年度	総務部情報システム課	情報システムの新規導入に関する関係部署・事業者との調整事務等
長所	責任感が強く、困難な状況でも諦めずに業務に取り組める	
短所	仕事を自分だけで背負い込む傾向がある	

昇任を希望する理由

・現在より一つ上の立場から市政全体を見ながら、係のリーダーとして市政に貢献していきたいため。

自己啓発の方法

・日頃から行政に関する書籍や専門誌を読み、最新の地方自治の理論や事例を学び、視野を広げている。

過去１～２年で組織の目標達成のために取り組んだこと

・ミスが頻発していた窓口業務について、申請様式の改善や動線の見直し等を主導して行い、ミスの軽減と業務の時間短縮を実現した。

過去に最も困難と感じた業務とその内容

・保育所の新規開設において、一部の地域住民の反対があるなか、上司や同僚と連携して説得にあたり、新規開設を実現することができた。

市の組織管理・運営面で改善したいこと

・地域課題が多様化する一方で人員増は難しいことから、職員の創意工夫を促すことにより、一つひとつの業務の改善、効率化を図りたい。

係長となった場合の心構え

・係員の能力や特性を見極めながら各人の育成プランを立て、中長期的な視点も踏まえて指導を行うことにより、職員の能力の育成を図る。

2 長所・短所

設問項目 「あなたの性格（長所・短所）を記入してください」

1 面接官は何を聞きたいのか

　組織のリーダーである係長や管理職になるにあたって性格的に問題がないか、上司や部下とうまくやっていける性格か等を確認するとともに、記入した内容と質疑応答の中からうかがえる性格に相違がないか、つまり自己分析がしっかりできているかを確認するための質問です。

2 面接シートへの記入内容とPRポイントはここ！

①昇任するポスト（係長・管理職）に求められる性格的な特性を踏まえたうえで、自分の性格でそれと結び付けられる部分を抽出し、戦略的に長所と短所を書きましょう。例えば、長所については、「粘り強い」「計画的」といった性格は係長や管理職に求められる重要な能力になります。

②係長や管理職になるにあたって致命的な短所に見えてしまうような記入は避けましょう。短所は長所ともなりうるものです。例えば、「短気」は「ややせっかちなところがある」、「協調性がない」は「仕事を自分だけで背負い込む傾向がある」、「臆病で引っ込み思案」は「考え過ぎる傾向がある」といったように書き換えましょう。ただ、長所そのものに見えるようなあからさまな記入は避けましょう。

③例えば、短所を「物事を考え過ぎる傾向がある」、長所を「緻密かつ慎重に業務を遂行することができる」と書けば、緻密で慎重な性格の裏返しとして考え過ぎる傾向があることが面接官にもわかります。

④記入されている長所・短所について質問された際に具体的なエピソードが言えると強みをPRできます。例えば、「困難な状況であっても

24

粘り強く取り組むことができる」という長所に対しては、「新規事業の立ち上げで周囲の反対があるなか、何度も粘り強く説得して実施に至った」と答えられれば、良い評価につながります。

3 面接シートの記入例

（係長試験・管理職試験共通）

記入例①

長所	困難な状況であっても粘り強く取り組むことができる
短所	人に頼らず、自分だけでなんとかしようとする傾向がある

記入例②

長所	責任感が強く、困難な状況でもあきらめずに業務に取り組める
短所	仕事を自分だけで背負い込む傾向がある

記入例③

長所	緻密かつ慎重に業務を遂行することができる
短所	物事を考え込み過ぎる傾向がある

記入例④

長所	打たれ強く、簡単なことではへこたれない
短所	細部を見ずに大きな側面から物事を判断する傾向がある

記入例⑤

長所	課題分析に基づき、計画的かつ着実に業務を遂行できる
短所	やや慎重過ぎる面がある

記入例⑥

長所	スピード感をもって考え、業務を遂行することができる
短所	ややせっかちなところがある

第2章　面接シートの書き方と回答ノウハウ

4 記入例と実際のやりとり例①

【面接シートへの記入例】

長所　責任感が強く、困難な状況でもあきらめずに業務に取り組める

短所　仕事を自分だけで背負い込む傾向がある

想定される質問例と回答例	評価ポイント
Q 責任感が強く、困難な状況でもあきらめずに業務に取り組めるということですが、それがわかるようなエピソードはありますか？	
A 以前、A保育所の新規開設事業を担当していましたが、開設に対して一部の地域住民から強い反対を受けていました。住民説明会でも怒号が飛び交うような状況で精神的にも厳しい状況でしたが、上司や同僚と連携して個々の住民の説得にあたり、最終的には新規開設を実現することができました。このような経験をしてきたこともあり、困難な状況でも責任感を持って業務に取り組むことができる自信があります。	←具体的な実体験から責任感の強さやあきらめない姿勢を説明できています。ここは評価ポイントです。 ←経験に基づき今後の業務への姿勢をPRできています。
Q 仕事を自分だけで背負い込む傾向があるということですが、具体的に説明してください。	
A 保育所の新設の際も、私がメインの担当であったため、まず自分でなんとかしなければという気持ちが強く、当初は自分ひとりで抱え込んで精神的に辛い状況になった時もありました。このようにもともと自分で抱え込む傾向があるのですが、今回は上司や同僚に相談し、開設に漕ぎつけられたという経験をしたことで、組織として課題解決をしていくことの重要性を十分認識できましたので、自分で抱え込む性格も改善されつつあると考えています。	←経験から学び、自分の短所を克服しつつあることを前向きに説明している点が高評価です。

5 記入例と実際のやりとり例②

【面接シートへの記入例】

長所　課題分析に基づき、計画的かつ着実に業務を遂行できる

短所　やや慎重過ぎる面がある

想定される質問例と回答例	評価ポイント
Q 課題分析に基づき、計画的かつ着実に業務を遂行できるということですが、どのような課題分析をしたことがあるのでしょうか？ **A** 防災課に所属していた時、家具転倒防止器具の設置率が低いことから、その原因を探るため世論調査の設問を作成し、分析を行いました。また、他の研究結果なども調査した結果、若い世代、特に小さな子どものいる世代において、防災対策を実施する必要は認識していても行動に移せていない傾向があることがわかりました。	←データ分析や先行研究の調査といった課題発見能力の高さを具体的に取り組んだ事例で PR できており高評価です。
Q それにどのように対応したのですか？ **A** 小さな子どもと親が集まるイベントの際や入園相談に来る親に家具転倒防止器具の助成制度のパンフレットを配布し、説明を行うことで重点的な普及啓発を行いました。	←課題分析に留まらず、行動に結び付けている点を PR できています。
Q 短所にやや慎重過ぎる面があるとありますが、具体的にはどのようなことでしょうか？ **A** 主任に成りたての頃は、間違いがあってはならないという思いから慎重になり過ぎて業務に時間をかけ過ぎる傾向がありました。ただ、そこまで時間をかけなくてもよい内容もあるとわかったため、それ以降は時間をかけないで実施する事業と、時間をかけてじっくり取り組む事業のメリハリをつけて対応するようにしています。	←自分の短所をしっかり認識して改善する姿勢が見えます。高い評価につながるポイントです。

第 2 章　面接シートの書き方と回答ノウハウ

3 過去の担当業務

設問項目 「過去の担当業務（直近２つまで）」

1 面接官は何を聞きたいのか

　面接官は、過去の職歴を聞くことで、受験者がどのようなキャリアや経験を積んできたか、その中でどのような目的意識を持って行動してきたかを確認し、係長や管理職となるにふさわしい意識や能力を持っているかを確認します。また、過去の業務の中で困難だったことやそれをどう乗り越えたかといった点について、追加質問の中で確認することもあります。

2 面接シートへの記入内容とPRポイントはここ！

①過去に担当した業務を時系列で漠然と記入しただけではPRにつながりません。記入欄に余裕があるなら、成果を上げたこと、苦労したけれども達成したこと、業務改善したこと、工夫をしたこと等もあわせて記入しましょう。例えば、「特殊詐欺対策の新規事業（電話録音機の配付事業）の主担当として企画立案から関連部署の調整、配付までを実施」といったように書くとPRにつながります。

　ただし、あまりに成果や苦労した点を強調し過ぎるのも考えものです。あくまでさりげなくアピールしたいポイントを示して面接官の興味を引き、掘り下げて聞いてもらえるような書き方を心がけましょう。

②記入欄が小さい場合、例えば「国民健康保険の収納及び滞納整理業務」といった書き方にならざるを得ませんが、「窓口業務の改善」といった事項も付け加えるとPRにつながります。

③係長試験と管理職試験とで記入内容に大きな違いはありませんが、管理職試験の場合は、より成果を上げてきたことがうかがえるような記入を心がけましょう。

3 面接シートの記入例

（係長試験）

記入例①

期間	所属	主な職務内容
平成○年4月〜 平成○年3月	総務部情報 システム課	情報システムの新規導入に関する仕様書 の作成、関係部署・事業者との調整等
平成○年4月〜 令和○年3月	子育て支援 部保育課	保育所の施設に関する計画策定、地元や 庁内の調整事務等

記入例②

【過去の所属と主な担当業務】

平成○〜○年度：市民生活部生活安全課生活安全係

・特殊詐欺対策の新規事業（電話録音機の配付事業）の主担当として
　企画立案から関連部署の調整、配付までを実施。

（管理職試験）

記入例①

期間	職	所属	主な職務内容
平成○年4月〜 平成○年3月	係長	企画部企画 課	マイナンバー制度の導入に関する 関連部署間の調整、条例・内部規 程等の策定、進行管理等
平成○年4月〜 令和○年3月	係長	福祉部国民 健康保険課	国民健康保険料及び後期高齢者医 療保険料の収納及び滞納整理業務、 窓口業務の改善等

記入例②

【過去の所属と主な担当業務】

平成○〜○年度：市民生活部防災課防災計画係長

・地域防災計画改定の担当係長として、関連部署・防災関係機関等への
ヒアリングや意見調整、改定案の作成、防災会議の運営等を実施。

4 記入例と実際のやりとり例①

【面接シートへの記入例】

令和○〜○年度：市民生活部生活安全課生活安全係

・特殊詐欺対策の新規事業（電話録音機の配付事業）の主担当として企画立案から関連部署の調整、配付までを実施。

想定される質問例と回答例	評価ポイント
Q 生活安全課では新規事業の主担当をしたということですが、具体的に教えてください。 **A** 生活安全課では、高齢者の特殊詐欺被害を防ぐため、電話録音機を配付することとなり、その主担当になりました。録音機の選定から事業者との契約、高齢者所管課や企画部門との調整、町会への説明まで全般の業務を行いました。	
Q 新規事業で大変だったことは何ですか？ **A** 当初は、高齢者の方々に録音機の設置について説明に行ってもその有効性を理解してもらえず、設置件数が伸び悩んでいました。そこで、町会や民生委員、高齢者団体、関連部署で構成される特殊詐欺に関する協議会を設置し、私はその会議の企画や司会などを担当しました。会議では問題意識の共有や対応方法の検討を行い、その中で町会や民生委員の方々に理解いただき、知り合いの高齢者へ録音機の必要性を伝えていただいたことで設置件数が伸びていきました。	←具体的に大変だった経験を示したうえで、それを乗り越えて成果を上げたことをPRできています。
Q その経験から何を学びましたか？ **A** 事業の成功のためには町会をはじめとする地域の方々の理解を得て、協力していただくことが何より重要だということです。この学びを今後の事業でも生かしていきたいです。	←経験から学んだことを今後も活かしていく前向きさを示すことができています。

5 記入例と実際のやりとり例②

【面接シートへの記入例】

令和○～○年度：市民生活部防災課防災計画係長

・地域防災計画改定の担当係長として、関連部署・防災関係機関等への
ヒアリングや意見調整、改定案の作成、防災会議の運営等を実施。

想定される質問例と回答例	評価ポイント
Q 地域防災計画の改定で大変だったことは何ですか？ **A** 地域防災計画は非常に広範囲にわたる内容を取り扱っており、関連部署も多岐にわたります。しかも、4年ぶりの大規模な改定であったことから、各部や消防・警察等の防災関係機関に個別にヒアリングを行い、意見を調整しながら改定すべき点をとりまとめるのが大変でした。なかでも、避難所へのペットの避難方法については、ペットを家族と考えている人と動物が苦手な人との意見がバッティングしており、ペットの避難所への同行避難の方法の調整が非常に難しかったです。ただ、最終的には、町会や関連部署と意見の調整を行い、ペットの避難に関する計画を立てることができました。	←意見のバッティングに対して関係者と調整して成果を上げたことがPRできています。
Q ペットの避難方法のように意見がバッティングした場合に重要なことは何だと思いますか？ **A** 意見がバッティングした場合、完璧な解決策を打ち出すのは困難であり、行政としていかに折衷案を提示できるかがポイントになると考えます。関係者の意見を聞きながら様々な観点から案を出し、時には説得することも重要になると考えます。	←関係者の意見を聞く、案を出す、説得するという重要ポイントを示せています。

第2章 面接シートの書き方と回答ノウハウ 31

4 昇任を希望する理由

設問項目 「昇任を希望する理由を記入してください」

1 面接官は何を聞きたいのか

　面接官は、受験者が昇任後に係長や管理職として責任感を持ってリーダーの役割を果たすことができるかを確認するため、昇任を希望する理由の中から、係長や管理職に昇任しようという動機が明確であるか、向上心があるか、職務意欲が高いか等を把握します。

2 面接シートへの記入内容と PR ポイントはここ!

①「より広い視点から市政を考え行動したい」といったように、自発的で前向きな内容を記入しましょう。「上司に勧められたから」「同世代が係長（管理職）になったから」といった消極的な理由はマイナス評価となりますので記入しないようにしましょう。

②管理職試験の場合、より広い視点から市政を動かしていきたい旨を強調するとよいでしょう。逆に、係長試験の受験者が「市政全体を動かしていく」といった発言をすると、面接官によっては「立場を理解していない」と評価されてしまう可能性もあります。ただ、係長試験の場合でも、「いずれは管理職になって市政全体を動かしていきたい」といった前向きさを示すことは高評価につながると考えられます。

③質疑応答の中では、漠然とした理想論を述べるのではなく、「〇〇事業の中で〇〇を経験したことにより、自分がリーダーとなって事業を企画・立案・実行していきたいと思うに至った」といったように、昇任しようと思った具体的なエピソードを話すことができると PR につながります。

3 面接シートの記入例

（係長試験）

記入例①

・いずれは市政全体を動かしていく管理職を目指したいと考えており、まず係長として、現在より一つ上の立場から市政全体を見て行動し、市政に貢献していきたいため。

記入例②

・住民のための行政を実現していくためには、係員の立場でできることには限界があることから、一つ上のステップである係長として、より住民の福祉の向上に資する仕事に取り組んでいきたいため。

記入例③

・現場のリーダーであり、プレイング・マネージャーである係長となることで、今までよりも高度な市民のための事業を実施し、市政に貢献していくとともに、自身の能力の向上を図っていきたいため。

（管理職試験）

記入例①

・市政全体を見据えた立場から考え、地域課題の解決に取り組むことができる管理職となることで、市民のための行政を実現していきたいため。

記入例②

・組織のリーダーとして政策の立案や組織管理に携わることのできる管理職となり、地域の発展に貢献していくとともに、様々な経験を積み重ねることで自身の能力のさらなる向上を図っていきたいため。

記入例③

・地域課題や住民ニーズが一層多様化する中で、市政運営の中核である管理職として、各種の課題の解決に取り組み、地域の発展に貢献していきたいため。

4 記入例と実際のやりとり例①

【面接シートへの記入例】

・いずれは市政全体を動かしていく管理職を目指したいと考えており、まず係長として、現在より一つ上の立場から市政全体を見て行動し、市政に貢献していきたいため。

想定される質問例と回答例	評価ポイント
Qいずれは管理職を目指したいということですが、係長と管理職の違いは何だと思いますか？	
A係長は、係のリーダーとして担当事業の企画、調整、進行管理までを行うとともに、部下の教育や組織間の調整なども行うこととなります。管理職は、課全体を引っ張っていくだけでなく、議会対応やマスコミ対応などの対外的な調整が加わってきます。いずれは管理職を目指していきたいと考えているため、まずは係長として係を引っ張っていき、しっかりその職責を果たしながら、議会対応の方法などについても勉強し、取り組んでいきたいと考えています。	←管理職と係長の違いを理解したうえで、最終的に管理職を目指すというモチベーションの高さをPRできています。
Q係長に昇任したら何をしたいですか？	
A係長として、まずはしっかりと係の業務を確実に実施し、係と課の課題を把握し、解決して成果を上げていきたいです。そして、係員がモチベーションを高く持って業務に取り組めるように職場環境に配慮し、一人ひとりの係員の能力や適性を見ながら適宜指導をしていくことで、能力の向上を図っていきたいです。	←担当業務だけでなく、係長の重要な役割である係員の適正に応じた指導・教育にも触れており高評価です。

5 記入例と実際のやりとり例②

【面接シートへの記入例】

・組織のリーダーとして政策の立案や組織管理に携わることのできる管理職となり、地域の発展に貢献していくとともに、様々な経験を積み重ねることで自身の能力のさらなる向上を図っていきたいため。

想定される質問例と回答例	評価ポイント
Q 管理職の役割は何だと思いますか？ **A** 管理職の役割は、課や部のリーダーとして、施策の立案から各部署との調整、部下の教育まで幅広く対応するとともに、課や部の対外的な顔となって、議会やマスコミ対応をすることであると考えます。	←組織内部の管理と対外的な対応の両面から管理職の役割をしっかり回答できています。
Q 管理職になるにあたっての心構えを教えてください。 **A** 管理職は課題解決の連続であり、困難な場面も多いと思いますが、一つひとつの課題に逃げることなく向き合い、部下を引っ張り、他部署とも連携して解決策を検討し、対応していきたいと考えています。	
Q 管理職になったら何に取り組みたいですか？ **A** これまでの職歴の中で、数年間、産業関係の部署にいたことがあり、産業振興に非常に関心が高いことから、産業振興の部署において、例えば中小企業の創業支援について、ビジネスプランの公募や起業家育成セミナーの実施等に取り組んでみたいと考えています。一方で、今後、市政全体を見て判断できる能力を持つ管理職になっていきたいので、様々な部署を経験し、広い視野を身につけていきたいと考えています。	←過去の経歴、興味・関心から、具体的に取り組みたいことが説明できています。それだけにとどまらず、能力向上を目指して挑戦する前向きさが表れており高評価です。

第2章　面接シートの書き方と回答ノウハウ　35

5 自己啓発の方法

設問項目「あなたの自己啓発の方法」

1 面接官は何を聞きたいのか

　係長や管理職には、広い視野を持って行政について考え、行動していくことが求められます。そのためには、単に目の前の仕事を遂行するだけではなく、日頃からの自己啓発が重要となります。日頃から、自分の能力を高めようという姿勢が見られるか、いかに業務の成果に結びつく自己啓発をしているかが問われ、その姿勢が評価されます。

2 面接シートへの記入内容とPRポイントはここ！

①ここで言う「自己啓発」とは、あくまで業務に関連する自己啓発ととらえ、可能な限り業務の成果に結びつく内容を書きましょう。例えば、大学や大学院への通学、行政に関する書籍や専門誌の読書・研修受講・研究、担当業務に関する国や他自治体の最新情報の収集、リーダーシップに関する研修受講や読書、資格取得、NPOの活動への参加等が考えられます。

②目的意識を明確に書くようにしましょう。面接官が「自己啓発」であると認識できるような内容でないと、低い評価となる危険性があります。目的意識を明示しないまま、「旅行」や「街歩き」とだけ書いたのでは、単なる趣味の域を出ません。もし「街歩き」について書きたいのであれば、「国内・国外の都市の形成に関する歴史を学んだうえで現地を訪問し、街づくりのヒントを得る」といった書き方にしましょう。

③自身が行っている自己啓発が具体的にどのような業務に役立っているかを示すことができれば高い評価につながります。例えば、「行政に

関する書籍や専門誌の読書」と記入した内容について質問された際に、
「先日、専門誌で読んだＡ自治体の事例を参考に、担当業務を改善す
ることができた」といった回答ができればベストです。

3 面接シートの記入例

（係長試験・管理職試験共通）

記入例①

・日頃から行政に関する書籍や専門誌を読み、最新の地方自治の理論や
事例を学び、視野を広げている。

記入例②

・公共政策に関する大学院に通学し、最新の地方自治の理論や事例につ
いて調査・研究活動を行っている。

記入例③

・日頃から、リーダーシップや組織運営に関する書籍の購読、研修の受
講等を行うことにより、管理職となるための準備をしている。

記入例④

・環境保全の普及啓発事業を行っているNPOに参加し、市民に対する
普及啓発活動を行ったり、NPOのメンバーと議論をしたりすること
により、環境問題に関する見識を深めている。

記入例⑤

・市の窓口に来る外国人の相談に対応できるよう、TOEICスコア850点
を目指し、定期的に英語を学習している。

記入例⑥

・国内・国外の都市の形成に関する歴史を学んだうえで現地を訪問し、
街づくりのヒントを得る活動を実施している。

第2章　面接シートの書き方と回答ノウハウ　37

4 記入例と実際のやりとり例①

【面接シートへの記入例】

・日頃から行政に関する書籍や専門誌を読み、最新の地方自治の理論や
事例を学び、視野を広げている。

想定される質問例と回答例	評価ポイント
Q 自己啓発として、行政に関する書籍や専門誌を読んで学んでいるということですが、具体的にはどのようなことをしているのですか？	
A 政策評価やデータ分析に関する本を読んで、政策の分析や評価の手法を学んでいます。例えば、データ分析の本では、世論調査のデータを分析するうえで恣意的な見方にならないようにすべきことを学びました。また、地方自治の専門誌を読んで、他の自治体でどのような最新の取組みが行われているかを学んでいます。	←自己啓発で学んだ具体的な例を挙げることでPRできています。
Q 自己啓発が業務を行ううえで役立ったことはありましたか？	
A 例えば、今年度、世論調査の設問を作成するうえで、データ分析の専門書で学んだことが役立ちました。昨年度まで、担当事業の普及率を把握する質問について、複数の選択肢から選んでもらう方式を採用していましたが、専門書で学ぶ中で、選択肢が増えすぎると回答者が疲れてしまったり、選択肢を見逃してしまったりすることで正確な結果が出ない可能性があることがわかりました。そこで、今年度の調査では、選択肢を絞った設問としたところ、より正確な数値を出すことができました。	←自己啓発で得た知識が具体的に仕事に結びついていることを示しており高評価です。

5 記入例と実際のやりとり例②

【面接シートへの記入例】

・国内・国外の都市の形成に関する歴史を学んだうえで現地を訪問し、街づくりのヒントを得る活動を実施している。

想定される質問例と回答例	評価ポイント
Q 自己啓発として国内・国外の都市の形成に関する歴史を学んだうえで現地を訪問しているということですが、具体的に教えてください。 **A** 私はこれまで街づくりの業務に携わってきましたが、常に、住民や街を訪れる人にとってのよい街とはどのようなものかを考えてきました。そこで、街づくりの専門書を読んで、国内外の都市の形成過程を学んだうえで現地を実際に歩き、自分の目で見ることによって、A市を住みやすくにぎわいのある街にしていくためのヒントを得る活動を継続して行っています。	←単なる「街歩き」ではなく、市を住みやすいにぎわいのある街にするという目的意識があっての活動であることが伝わります。
Q 自己啓発の必要性や意義についてどう考えますか？ **A** 係長という組織のリーダーとして、住民のニーズを踏まえながら、多様化している地域課題を解決していくためには、自分の担当業務を知っているだけでは足りず、様々な分野に精通している必要があると考えます。その点において、休日などを使って自己啓発をしていくことが非常に重要であると考えます。そこで私も、先ほど述べた自己啓発だけでなく、日頃から新聞を読んだり、地方自治の雑誌を読んだりして常に行政に関連することを勉強するようにしています。	←記入した内容だけでなく、日頃から様々な側面で自己啓発していることがPRできています。

第2章　面接シートの書き方と回答ノウハウ　39

6 組織の目標達成のために取り組んだこと

設問項目「過去1～2年において、あなたが組織の目標達成のために取り組んだことを記入してください」

1 面接官は何を聞きたいのか

　係長や管理職には、組織のリーダーとして、組織目標の達成に向けて成果を上げていくことが求められます。そのためには、課題を的確に把握して企画立案や改善点の提示を行い、リーダーシップを発揮して粘り強く対応していく必要があります。そこで、過去に組織目標の達成のために取り組んだ内容について質疑応答を行う中で、これらの能力があるかを確認します。

2 面接シートへの記入内容とPRポイントはここ！

①組織目標の達成のために取り組んだこととしては、例えば、新規事業の企画、業務の改善・見直し、情報共有体制の構築といったものが考えられます。PRにつながる成果を上げた取組みを記入しましょう。

②経験してきた部署が窓口部署のようにルーティン業務の多い職場で、目標達成のために取り組んだことを示しにくい場合もあるかもしれません。そのような場合、事務の効率化等の業務改善について記入するとよいでしょう。

③記入した内容に対し、反対者はいなかったか、困難な場面をどう切り抜けたかといった質問をされる可能性があります。困難だった場面からどう考え、どう行動し、切り抜けたかを具体的に回答できれば高評価につながります。

④面接シート方式にもとづく面接の中でも、面接官が重点的に確認したい内容であることから、取組みの内容についてかなり掘り下げた質問

が飛んでくることが予想されます。成果を上げた点を具体的に説明できれば高評価につながります。

3 面接シートの記入例

（係長試験）

記入例①

・ミスが頻発していた窓口業務について、申請様式の改善や動線の見直し等を主導して行い、ミスの軽減と業務の時間短縮を実現した。

記入例②

・○○会議の主担当として、関係者間の調整や進行管理を適切に行い、円滑な運営を行うことで、期限内に報告書を作成した。

記入例③

・○○システムの改修について、所管課のニーズを聞きながら、要件定義からスケジュール管理までの業務全般を担当し、機能改善を図り、期限内の安定稼働を実現した。

（管理職試験）

記入例①

・導入から5年が経過した指定管理者の実績評価について、関係部署や指定管理者と議論しながら評価方法を施設の特性ごとに分類し、それぞれの特性に応じた評価方法へと改善した。

記入例②

・毎年度、災害対策本部訓練の企画、実施、課題の抽出、課題の解決、マニュアルの修正というPDCAサイクルを回す体制を構築し、災害対応態勢の充実・強化を図った。

記入例③

・縦割りによる情報共有や連携の不足により問題が発生していたことから、各部の庶務を担当する係長会を新規設置し、全庁における情報共有を促進した。

第2章　面接シートの書き方と回答ノウハウ　41

4 記入例と実際のやりとり例①

【面接シートへの記入例】

・導入から5年が経過した指定管理者の実績評価について、関係部署や指定管理者と議論しながら評価方法を施設の特性ごとに分類し、それぞれの特性に応じた評価方法へと改善した。

想定される質問例と回答例	評価ポイント
Q どのような問題意識からどのような改善を図ったのですか？	
A 指定管理者の実績評価制度を導入した当初は、集会施設、市民住宅、自転車駐輪場、介護施設といった様々な特性を持つ施設を一律の基準で評価してきました。しかしながら、例えば介護施設のように法令の基準が明確に決まっており裁量が少ない施設がある一方で、集会施設のように指定管理者が創意工夫を発揮して事業を実施できる施設もあります。これらを一律の基準で評価するのには無理があることから、課長や係員と議論し、施設特性に応じた評価方法に改善しました。例えば、集会施設については創意工夫による自主事業の評価点を高く付けられるようにし、介護施設については法令基準を満たしているかをチェックしたうえで、施設管理やサービスを加点評価するという方式にしました。	←かなり詳細な分析を行ったうえで課題解決策を出していることが具体的かつ詳細に説明できています。
Q 今回の改善を発案したのは誰ですか？	
A 改善の必要があるという問題意識自体は課長から指示を受けたものです。ただ、具体的にどのように改善をすべきかについては、係長である私と担当者とで議論を繰り返し行い、企画・立案を行いました。	←課題把握能力や企画・立案能力があることをPRできています。

Q 今回の改善にあたって、関連する部署との調整などはありましたか？

A 指定管理者を所管する課との調整の機会が多くありました。具体的には、評価制度の設計をするにあたって、施設管理上でどのような特性があるかを所管課にヒアリングしたりしました。

← 独断でなく、関連部署と十分意見交換したうえで企画していることが PR できています。

Q 施設所管課や指定管理者からの反対はありませんでしたか？

A 当初は改善に前向きでない所管課もありましたが、個別に複数回、評価方法について詳細な説明を行い、その場で出た意見や懸念事項等を評価方法に反映し、十分な根回しを行ったため、各課の理解を得たうえで実施することができました。指定管理者についても、説明会を実施したこと、各所管課から指定管理者に対して個別に具体的な説明をしてもらったことにより、大きな反対はありませんでした。

← 反対が出る前に、先回りして十分な根回しをしたことで大きな反対が起きなかったことを具体的に説明できており高評価です。

Q 改善の成果はどのようなものでしたか？

A 所管課から、評価のポイントが明確になり、指定管理者に対して具体的な改善の指摘がしやすくなったという意見がありましたので、改善した甲斐があったと考えています。ただ、これで終わりではなく、今後も、評価する所管や指定管理者にヒアリングするなどによって、さらなる改善を図っていきたいと思います。

← 改善の成果を所管課の意見をもとに説明できています。また、それだけで終わらずさらなる改善を図る前向きさもうかがえます。

第 2 章　面接シートの書き方と回答ノウハウ

5 記入例と実際のやりとり例②

【面接シートへの記入例】

・○○事務の窓口事務でミスが発生していたことから、事務フロー、動線等について調査・分析を行い、同僚や上司とも議論を行ったうえで事務改善を提案・実施し、ミスの軽減と時間短縮を図った。

想定される質問例と回答例	評価ポイント
Q 事務改善を提案・実施したということですが、提案したのは誰ですか？　どのような問題意識があったのですか？	
A ○○係の窓口業務は非常に煩雑で、時々、事務のミスが発生していました。実際、私自身もミスしそうになったことがあり、このままでは大きなトラブルに発展する可能性があると考え、私が改善の考え方をペーパーにまとめて係長に提案をしました。	←小さなミスが大きなトラブルに発展する可能性を見越して、率先して改善の提案をしたことがPRできています。
Q 事務フローの改善を図ったと記入がありますが、具体的な改善の内容を教えてください。	
A 同僚にヒアリングをして検討した結果、事務のミスが、主に申請者が記入した申請書をシステムに入力する部分で発生しており、その理由が申請書とシステムの入力フォーマットの該当部分がまぎらわしくなっていることであるとわかりました。そこで、システム事業者と相談し、その部分の改善を図り、係内で情報共有を図ったことで、それ以降は同様の事務ミスがなくなりました。	←具体的な問題の分析を行って改善を図っていることが説明できています。
Q 動線の改善を行ったと記入がありますが、具体的にはどのような改善を図ったのですか？	
A ○○係では複数の窓口事務を取り扱っています	

が、執務スペースも狭かったことから、職員が滞留することがあり、職員のストレスになっていました。これは事務の非効率を生んでいるだけでなく、事務のミスの発生にも関わる可能性があると考えました。そこで、係長にも相談のうえ、同僚と連携して窓口周辺のスペースを広げ、動線を確保することで、職員が滞留することがなくなりました。これにより、事務が円滑に行えるようになりましたし、事務の時間短縮を図ることにもつながりました。

Q 今回の窓口業務の改善に反対する職員はいませんでしたか？　いたとしたら、どのように説得しましたか？

A 当初は、今までのやり方を、労力をかけてまでしてなぜ変える必要があるのかと反対する職員が複数人いました。そこで、事務のミスが複数回発生しており、その理由が申請書とシステムの入力フォーマットの該当部分がまぎらわしくなっているからであること、職場の動線が混乱しており、それが業務の非効率やミスの発生につながっている可能性があることを具体的に説明しました。また、改善を実施することでこれらのミスの削減と時間短縮が実現でき、職員の仕事の効率化や職場環境の改善が図られるというメリットを説明し、説得しました。当初は難色を示していた職員も、最終的には理解を示してくれるようになり、協力を得て改善を実現することができました。

← 窓口周辺のスペース不足が事務の非効率やミスにつながっているという分析力や、係長や同僚を巻き込んで具体的に改善を図る行動力をうまくPRできています。

← 反対があっても理論的に反対者を粘り強く説得していることがうかがえ高評価です。

第2章　面接シートの書き方と回答ノウハウ　**45**

7 最も困難と感じた業務

設問項目「過去に最も困難と感じた業務とその内容について記入してください」

1 面接官は何を聞きたいのか

　係長や管理職になると、いくつもの困難な課題や場面に直面することがあります。それを切り抜けられる知恵を持っているか、工夫を凝らして対応できるか、困難を乗り越えられるストレス耐性があるか等を確認するため、過去の業務の中で最も困難と感じたことについて掘り下げた質問がなされます。

2 面接シートへの記入内容と PR ポイントはここ!

①前項の「組織の目標達成のために取り組んだこと」という設問と類似していますが、本設問の場合、困難な場面に遭遇した時にいかに対処できるかを確認するための質問となりますので、課題解決の部分を強調して書きましょう。

②困難な業務としては、例えば、住民の反対の中での事業の実施、関連部署の反対や庁内調整の難航の中での事業実施等が考えられます。

③特に管理職試験の場合、最も困難と感じた業務があまりに簡単に解決できるようなものであると、評価が低くなる可能性がありますので注意しましょう。

④どう困難を乗り越えたか、かなり踏み込んだ追加質問が飛んでくることが予想されます。実体験に基づき、具体的に答えられるように十分準備しておきましょう。困難を切り抜けられる知恵や工夫、ストレス耐性等があることを PR できるように、例えば「住民の猛反対を受けたが、地元の町会長にしっかり説明を行って了承をいただくとともに、

反対している個々の住民の家に何度も足を運んで説明を行い、その必要性を具体的なデータ等も見せながら説明することで、最終的には開設に漕ぎつけた」といったように具体的に答えるのがポイントです。

3 面接シートの記入例

（係長試験）

記入例①

> ・子どもの貧困問題への対応策を議論するワーキング・グループの調整担当を務めた際、当初は関係所管の協力が得られず苦慮したが、課題の分析から解決策の検討までのコーディネートを粘り強く行い、報告書をまとめて施策の実施につなげることができた。

記入例②

> ・新たな資源回収品目の追加を行うにあたって、町会・自治会やマンション管理組合の一部に反対が出たなか、継続的にその必要性を説明して説得し、実施に漕ぎつけた。

記入例③

> ・担当していた保育所の新規開設において、一部の地域住民の反対があるなか、上司や同僚と連携して説得にあたり、新規開設を実現することができた。

（管理職試験）

記入例①

> ・マイナンバー制度導入の総合調整業務において、対応すべき事項が不明ななか、関係部署によるワーキング・グループを立ち上げて必要事項を洗い出し、調整や進行管理を行うとともに、条例や取扱規定を作成し、各部に提示する等により、無事導入することができた。

記入例②

> ・地域及び議員からの苦情や改善要望がたびたび出ていたＡ駅前の放置自転車対策について、鉄道事業者に駐輪場整備場所の確保について要望を粘り強く続けたことにより開設に漕ぎ着け、課題を解決することができた。

第2章　面接シートの書き方と回答ノウハウ　47

4 記入例と実際のやりとり例①

【面接シートへの記入例】

・担当していた保育所の新規開設において、一部の地域住民の反対があるなか、上司や同僚と連携して説得にあたり、新規開設を実現することができた。

想定される質問例と回答例	評価ポイント
Q 地域住民からの反対を具体的にどのように説得したのですか？	
A 保育所の不足の状況をデータで見せ、開設の必要性をうったえるとともに、騒音をはじめとする地域環境に最大限配慮することについて説明し、理解を求めました。地域の町会長とも相談しながら、何度も説明を行い、合意形成に努め、最終的には開設に漕ぎつけました。	←「データを見せて説得する」「地域環境への配慮を説明する」といった具体的な説得策が示されています。
Q 反対者は本当に納得したのですか？	
A 反対者のうち8割程度は納得してくれましたが、残りの2割の方々についてはある程度の理解は見せたものの、最後まで反対者が残りました。	
Q 利害が完全にバッティングした場合の調整で重要なことは何だと思いますか？	
A 利害や意見が対立した場合、完全に両者が合意することは難しく、お互いが少しでも歩み寄れるようコーディネートしていくことが自治体職員の役割であると考えます。そのためには、双方の主張に理解を示しつつもバッティングしている部分について具体的なデータや折衷案を示し、対話する中でお互い歩み寄れる部分を探していくことが大切と考えます。	←課題解決の本質を問う質問ですが、しっかりと答えています。また、意見対立時の対応方法を示すことができており高評価です。

5 記入例と実際のやりとり例②

【面接シートへの記入例】

・マイナンバー制度導入の総合調整業務において、対応すべき事項が不明ななか、関係部署によるワーキング・グループを立ち上げて必要事項を洗い出し、調整や進行管理を行うとともに、条例や取扱規定を作成し、各部に提示する等により、無事導入することができた。

想定される質問例と回答例	評価ポイント
Q 具体的にどのような部分が困難でしたか？ **A** マイナンバー制度の導入にあたって実施すべき項目は、マイナンバー利用業務の把握から条例制定、内部規定整備等と多岐にわたっており、関係する部署も多いことから、対応事項をすべて洗い出して、いつまでに対応するかを把握し、関係部署を含めた進行管理をすることが最も困難でした。	
Q 関係部署との調整で何が大変でしたか？ **A** ワーキング・グループを設置して対応が必要な業務をピックアップしましたが、当初はマイナンバーについて知らないメンバーのほうが多く、打ち合わせを行ってもなかなか進捗がなく、一部のメンバーから「通常業務が忙しいのにこのような会を開いても意味がない」といった反発があり、その調整を行うのが大変でした。	←具体的に大変だったことを説明できています。
Q 反発したメンバーにどう対応しましたか？ **A** メンバーにやらされ感があると感じたため、業務の重要性をうったえ、説得していきました。それが伝わったのか、自主的に考えてくれるメンバーが数人現れ、反発していたメンバーも次第に参加してくれるようになりました。	←困難な状況でも熱意を持って説得したことがわかり高評価です。

第 2 章　面接シートの書き方と回答ノウハウ　49

8 市の組織管理・運営面で改善したいこと

設問項目「市の組織管理・運営面で改善したいこととその理由」

1 面接官は何を聞きたいのか

　係長や管理職になると、組織の管理・運営が重要な役割となります。受験者が、係長や管理職の立場を十分理解したうえで、自治体における組織管理上の課題を的確に把握しているか、その改善の方法を的確に考えられるか等が確認されます。

2 面接シートへの記入内容とPRポイントはここ！

①組織管理上の課題には、例えば、縦割り組織の弊害の解消、政策立案能力の向上、住民ニーズの行政への反映、職員のモチベーションの向上といったものが考えられます。問題意識を記入する項目であるため、係長試験と管理職試験で記入内容にそれほど大きな違いはありませんが、管理職試験の場合は、より大局的な視点に立って改善したいことを記入しましょう。

②どのような課題があって、どのような方法でその課題を解決していくかをあわせて書くようにしましょう。「……のために、……をすることにより、……を実現したい」といった流れで書くとわかりやすくなります。例えば、「縦割り組織の弊害を解消し、全庁が連携した取組みを推進するため、庁内横断的な組織を設置するなどにより情報共有体制を構築していきたい」といったように記入しましょう。

　ただし、手段の部分はあまり具体的に書き過ぎず、面接官から質問を受けた際に具体的に回答できるように準備しておきましょう。

③例えば、面接シートに「市民のニーズを適切に行政に反映させる仕組みづくりをしたい」と書いた場合、具体的にどのように反映させるのかを

質問されます。具体的に答えられるように準備しておきましょう。

3 面接シートの記入例

（係長試験）

記入例①

- 地域課題が多様化・複雑化する一方で人員増は難しい状況であることから、職員の創意工夫を促すことにより、一つひとつの業務の改善、効率化を図っていきたい。

記入例②

- 一層複雑化・多様化する地域課題の解決を図るためには職員の課題解決能力の向上が必要であり、係員を適宜指導することにより、自ら考え、主体的に行動できる職員の育成を図っていきたい。

記入例③

- 係間での縦割り意識がいまだに一部で残っており、連携が弱いことから、係長会や案件に応じたミーティング等を定期的に開催することにより情報共有を図る体制を構築していきたい。

（管理職試験）

記入例①

- 施策の見直し・改善が十分に行われていない面があることから、行政評価制度も活用しながら成果や市民ニーズを把握し、効果が希薄な施策は廃止・縮小する等、業務改善を推進していきたい。

記入例②

- 組織の縦割りの弊害がいまだに残っており、横の連携が不足していることから、特に重要な政策課題については組織横断的に課題の解決を図る組織体制を構築する等により対応していきたい。

記入例③

- 前例踏襲がいまだに一部で行われていることから、新たな取組みをする職員を高く評価し褒める等により、職員が前例のない仕事にも果敢にチャレンジしていくことができる組織風土をつくっていきたい。

第2章　面接シートの書き方と回答ノウハウ　51

４ 記入例と実際のやりとり例①

【面接シートへの記入例】

・地域課題が多様化・複雑化する一方で人員増は難しい状況であることから、職員の創意工夫を促すことにより、一つひとつの業務の改善、効率化を図っていきたい。

想定される質問例と回答例	評価ポイント
Q 係長として職員の創意工夫をうながすためにはどんなことが必要だと思いますか？ **A** 係長には、職員一人ひとりの能力や適性に応じて指導をしていくことが求められると考えます。考えを一方的に押し付けるのではなく、係員の考えを聞き、自分の経験も踏まえて適宜アドバイスをしながら、職員の良い部分を活かして創意工夫を発揮できるような環境をつくることが重要と考えます。	←一方的に考えを押し付けず、係員の意見も聞きながら指導していく姿勢が示せており高評価です。
Q どのように業務改善や効率化を図りますか？ **A** 実体験として、一人で考えるよりも、複数の人で意見を出し合うほうが改善すべき点を見つけやすいと感じています。そこで、係の業務について、係員とどのような部分に非効率が生じているか、どうすれば改善できるかを議論する機会を定期的に設けて改善点を見つけ、対応していきたいと思います。	←係員を巻き込んで改善点を見つけていくといった具体的な改善方法が示せており説得力があります。
Q 忙しくて議論する余裕がないと反発する係員も出てくるのではないですか？ **A** 確かに反発もあるかもしれませんが、改善や効率化を進めることでむしろ業務がスムーズになり、そこで生まれた時間を他の重要な業務に割り当てられることを説明し、説得します。	←反発があっても論理的に説得していく姿勢がPRできています。

5 記入例と実際のやりとり例②

【面接シートへの記入例】

・縦割り組織の弊害を解消し、全庁が密接に連携した取組みを推進し、成果を上げていくため、庁内横断的な組織を設置する等により情報共有体制を構築していきたい。

想定される質問例と回答例	評価ポイント
Q 実際に縦割り組織の弊害を感じたことがあれば教えてください。 **A** 企画課にいた時に、複数部署が関係する新規事業の調整担当をしていましたが、関連課の業務分担について意見が折り合わず、調整が難航しました。その背景には、自分の課の業務はここまでという縦割り意識があり、各課で業務が増えることへの抵抗があったと感じています。	←抽象的ではなく具体的な内容になっています。
Q その時、あなたはどう対応しましたか？ **A** 関連課を集めた会議を定期的に開催し、各課に新規事業の目的や連携の必要性をうったえていきました。業務の分担については、合理的な理由を付けて、各課を個別に説得しました。それにより最終的には各課で業務を分担して対応していくことができました。	←熱心に調整をして業務を成功に導いたことがPRできています。
Q 解決策として庁内横断的な組織を設置するということですが、どのようなことですか？ **A** 子どもの貧困問題の担当をしていた際、関連部署で構成されるワーキング・グループを設置して対応策を立案した経験がありますが、非常に有効でした。特に複数部署にまたがる施策について会議体を設置して議論することで良いアイデアも生まれると考えます。	←具体的な経験をもとに庁内横断的な組織の有効性を説明できており高評価です。

第2章　面接シートの書き方と回答ノウハウ　53

9 係長・管理職と なった場合の心構え

設問項目 「係長となった場合の心構えを記入してください」
「管理職となった場合の心構えを記入してください」

1 面接官は何を聞きたいのか

　係長や管理職になると、様々な困難な場面に直面したり、目標を達成するために職場を活性化する必要に迫られたりします。係長や管理職として、困難な課題に直面した場合にも前向きに立ち向かっていく心構えがあるかが確認されます。

2 面接シートへの記入内容とPRポイントはここ！

①抽象的な設問であり、何を記入すべきかわかりにくいかもしれませんが、係長や管理職となった場合の心構えが十分備わっていることをPRするためには、困難な課題に直面した場合の対応方法や、職場の活性化が必要となった場合の対応方法等を論理立てて記入するとよいでしょう。

②困難な課題に直面した場合には、係長や管理職として、関係者を巻き込み、働きかけながら、課題を迅速かつ正確に把握して解決策を検討し、課題の解決を図っていく必要があります。職場を活性化するためには、職員を指導し能力の向上を図る、職員のモチベーションの向上を図る、職員間でのコミュニケーションを活発化する、職員間の情報共有を行うといった対応が必要となります。これらも参考に、係長・管理職になった場合にどう対応していくかを記入しましょう。

③例えば、「問題が発生した場合には、迅速かつ的確に状況を把握して対応策を検討・実施するとともに、原因の究明を図り、再発防止策を講じる」といったように記入するとよいでしょう。

④管理職の場合はより広い視点からの内容を記入するようにしましょう。

3 面接シートの記入例

（係長試験）

記入例①

・問題が発生した場合には、迅速かつ正確に状況を把握して対応策を検討・実施するとともに、原因の究明を図り、再発防止策を講じる。

記入例②

・係長の重要な役割として係員の育成があることから、係員の能力や特性を見極めながら各人の育成のプランを立て、中長期的な視点も踏まえて適宜指導を行うことにより、職員の能力の育成を図る。

記入例③

・係長として職場の活性化を図り、成果を出していくため、職員と積極的にコミュニケーションを図り、信頼関係を築きながら、職員のモチベーションを高め、業務を遂行していく。

（管理職試験）

記入例①

・職員が創意工夫を発揮できるように、定期的な対話の機会の設定や声かけ、職員の意見の積極的な採用等を行うことにより、職員がものを言える、風通しの良い職場づくりを行うとともに、職員のモチベーションの向上を図る。

記入例②

・職員の課題解決能力の向上を図るため、職員に現状把握、課題分析、解決策の検討といった一連の流れを経験させ、適宜指導を行うとともに、各職員の苦手分野を把握し、各人の特性に応じて実践の中で指導する。

記入例③

・困難に直面した場合には、部下に的確に指示を出して迅速かつ正確に課題を把握し、関連部署とも密接に連携しながら対応策を検討・実施していく。

第2章　面接シートの書き方と回答ノウハウ　55

4 記入例と実際のやりとり例①

【面接シートへの記入例】

・係長の重要な役割として係員の育成があることから、係員の能力や特性を見極めながら各人の育成のプランを立て、中長期的な視点も踏まえて適宜指導を行うことにより、職員の能力の育成を図る。

想定される質問例と回答例	評価ポイント
Q 係員の能力や特性をどのように見極めるのですか？	
A 実際に仕事をしていく中で、それぞれの係員とコミュニケーションを図っていくことで、徐々に係員の能力や特性が見えてくるものと考えます。例えば、仕事を与えてその対応の仕方などを見れば、得意な業務や苦手な業務が見えてくると思いますので、それを把握していきたいと思います。	←単にコミュニケーションを図るだけでなく、仕事を与えて対応の仕方を観察し、能力や特性を見極めていくという具体的な対応を示せています。
Q 各人の育成のプランを立てて指導するということですが、具体的にどのようなプランを立てようと考えていますか？	
A 係員の能力や適性がわかったら、それに応じて、得意な分野については大まかに業務の目的と対応期限を示して、自ら考えて対応してもらうようにします。これにより、得意分野における企画・立案能力や進行管理能力をさらに伸ばしていきます。苦手な分野については、係員に適宜、係長に相談しながら業務を進めるよう指示し、係長としても進捗管理を行いながら適宜アドバイスを行い、係員が苦手を克服できるようにしていきます。	←係員の能力や適性を把握したうえで、得意な分野と苦手な分野とで指導の方法を変えていくといった具体的な指導方針が示されています。

5 記入例と実際のやりとり例②

【面接シートへの記入例】

・職員が創意工夫を発揮できるように、定期的な対話の機会の設定や声かけ、職員の意見の積極的な採用等を行うことにより、職員がものを言える、風通しの良い職場づくりを行うとともに、職員のモチベーションの向上を図る。

想定される質問例と回答例	評価ポイント
Q 職員が創意工夫を発揮できるようにするための手段が書かれていますが、具体的にはどのようなことをするのですか？ **A** 例えば、プロジェクトごとに定期的に打ち合わせを行い、課長も同席して課題について議論し、自由に意見を出してもらいます。そこで出てきた職員の意見で有効なものについては積極的に採用し、その意見を出した職員に実際に担当させます。また、課長から積極的に職員に声かけを行い、意見を聞いていくようにします。これにより、職員がものを言いやすい雰囲気づくりをするとともに、職員のモチベーションの向上も図ることができると考えます。	←創意工夫を発揮できるようにするための具体的な職場づくりの方法を示せています。
Q モチベーションがもともと低い職員に対してはどう対応するのですか？ **A** モチベーションがもともと低い職員の場合、急にモチベーションを大きく向上させることは難しいと思いますが、責任のある業務を少しずつでも任せていき、できた場合には褒めていくといったように、徐々に仕事のやりがいを知ってもらえるように粘り強く対応していきます。	←理想論に走らず、モチベーションの低い職員の急な改善は見込めないことを理解し、粘り強く対応していく姿勢が示せており高評価です。

第2章　面接シートの書き方と回答ノウハウ　57

第3章

これだけは
押さえておきたい!
必須の事例式問題

　事例式面接では、職場で発生する様々なトラブルや課題の事例が提示され、面接官から具体的な対処方法について質問が飛んできます。

　面接本番にならないと事例はわかりませんが、出題される事例と回答には一定のルールやパターンがあります。どのような事例が出題されても対処できるよう、基本的な出題事例と回答のポイントをしっかり頭に入れましょう。

1 出題形式と出題パターン

1 出題形式

事例式面接は、主に以下のような方法で行われます。

> ○事例問題が書かれたペーパーが受験者に配付され、1〜2分程度で読みます。その後、面接官から事例に関する質問があります。

> ○面接官が事例問題を1〜2回読み上げ、1〜2分程度考える時間を与えられます。その後、面接官から事例に関する質問があります。

係長試験の場合、職場内でのトラブルの調整、職場の業務量の調整や業務改善、係員の育成といったように、職場を中心とした事例が出題される傾向があります。

管理職試験の場合、職員の不祥事や事故への対応、人員不足への対応といった職場内の管理に加え、地域住民の反対や議員の要求への対応といった職場外との調整・交渉の事例が出題される傾向にあります。また、係長試験と比較して、複数の問題が同時に発生した際の対応について出題される傾向があります。

事例式面接では、そう簡単には解決できない、完全な解決策がない問題が取り上げられる傾向が強くなっています。そういった困難な問題への具体的な対処方法について質問し、回答させることで、実際にトラブル等が発生した際の対応能力が確認されます。

2 主な出題パターン

事例式面接には完全な解決策や正解がないとは言え、トラブル解決や

調整の方法には一定のルールやパターンがあります。また、出題される事例にも一定のパターンがあります。

　以下に、出題が予想される主な事例を類型化しました。本章の2〜8を係長編として、9〜14を管理職編として、この類型に基づいて事例と回答のポイント、想定される質問と回答例等を示しています。

　基本的な事例のパターンを理解しておけば、どのような事例が出題されても、後は応用あるのみです。これらの事例のパターンをしっかり頭に入れ、予想される事例や想定Q&Aを作成する等の準備を行いましょう。

①係長の事例式問題の類型

　以下では、係長試験における事例式問題の類型ごとに頻出事例の具体的な出題例を示します。

○事故への対応

　保育所の園児の事故による住民トラブル、施設の不備によるけが人の発生にどう対応するか等

○窓口トラブル、クレーム対応

　職員が住民に横柄な態度をとりトラブルになった際にどう対応するか、クレーマーが窓口でトラブルを起こしている際にどう対応するか、ごみ屋敷への対応をどうするか、窓口で怒り出した議員への対応をどうするか、課長不在時の住民からの苦情対応をどうするか等

○業務量の調整

　恒常的な残業があり人員増ができず、職員の不満が噴出する中でいかに新規事業を実施するか、特定の係員が忙しい状況にどう対応するか、他の係の協力が必要な場合にどう対応するか等

○業務の見直し・改善

　トラブルが発生した際にどのように業務の見直しを図るか、非効率な業務をいかに改善するか、馴れ合いになっている係をいかに改善するか等

第3章　これだけは押さえておきたい！　必須の事例式問題　61

○係員の指導・教育

新人職員をどう指導するか、係員のモチベーションをどう高めるか、新任係長としてベテラン主任にどう対応するか、業務に身が入らない職員・仕事をしない係員・残業を拒む部下にどう対応するか、何度も同じミスを繰り返す係員にどう対応するか等

○職場における情報共有・コミュニケーション

係間のコミュニケーションをいかに図るか、係内で情報をどのように共有するか等

○上司・部下への対応

何も判断しない課長にどう対応するか、上司からの下命を部下にいかに伝えるか等

②管理職の事例式問題の類型

次に管理職試験での類型と出題例を示します。

○不祥事発生時における議員・住民・マスコミ対応

職員による情報漏えいや公金横領、交通事故・暴力・痴漢・窃盗等による逮捕にあたって、議員や住民、マスコミ等にどう対応するか等

○住民・議員の利害調整

施設の新設や廃止への住民・議員からの反対、ごみ屋敷や空き家に関する住民・議員からの要望、ごみの集積場の設置場所に関する苦情等にどう対応するか、住民説明会でのクレームにどう対応するか等

○課の業務調整

残業が多い中で新規事業を行う際にどのように業務量の調整を行うか、他課への応援依頼をいかに行うか等

○問題のある係長への対応

課長の指示を無視する係長にどう対応するか、部下から信頼されていない係長にどう対応するか、定年間近でやる気のない係長にどう対応するか等

○議員への対応

職員のミスを議員から指摘された際にどう対応するか、議会への報告

漏れにどう対応するか、議員からの業者紹介にどう対応するか等

○**係間の調整**

　係長同士の仲が悪い場合にどう対応するか、係間で情報共有・コミュニケーションが図れていない場合にどう対応するか、特定の係だけが忙しくて不満が溜まっている場合にどう対応するか、係間でのトラブルにどう対応するか等

3 面接官は何を見ているか？

　面接官は、事例式面接のやりとりの中で、主に以下のようなポイントを確認しています。これらをしっかり頭に入れ、意識したうえで面接官に PR できるよう準備しましょう。

①係長試験

　以下では、係長試験における面接官の確認ポイントを示します。

○**職場環境を適切に整備できるか**

　係長になると、係員が成果を生み出すことができるよう、働きやすい職場環境の整備を行うことが求められます。職場環境の整備は、係員の業務量の調整から情報共有やコミュニケーションの活発化、業務の見直し・改善、人間関係の改善と多岐にわたります。課題を的確に把握したうえで、適切に職場環境の整備を図ることを示せるかが評価のポイントとなります。

○**調整能力があるか**

　係長になると、上司と部下の間に入って調整を行う機会や、係の長として他部署との調整を行う機会が多くなります。調整の機会は、人間関係の問題、部下のミス、住民とのトラブル、他部署との確執といった多岐にわたります。なぜそのような事象が発生しているのかを正確に把握したうえで、具体的な調整・解決の行動を示せるかが評価のポイントとなります。

第3章　これだけは押さえておきたい！　必須の事例式問題　63

○職員を指導し、引っ張っていけるか

　係長になると、係のリーダーとして係員を引っ張っていくことだけでなく、係員の指導・育成も重要な役割となります。リーダーシップをとって職員を引っ張っていける資質を見せることができるかが評価のポイントとなります。

②管理職試験

　次に、管理職試験での面接官の確認ポイントを示します。

○優先順位をつけて対応できるか

　管理職になると、時として、複数の様々な問題が同時に発生し、それへの対応を迫られるようになります。重要な問題が同時多発した場合、そのすべてに対して同時に対応することは不可能です。そこで、重要な問題がどれであるかを瞬時に判断し、優先順位をつけて対処していくことができるかが評価のポイントとなります。

○議員への対応ができるか

　管理職になると避けられないのが議員対応です。事例式面接でも、議員からの要求があった場合の対応が多く出題されます。議員には地域住民の代表としての面子があり、それをよく理解したうえで、議員の面子を潰さないように真摯に対応することが原則です。

　また、議会答弁も管理職の重要な役割です。議員の質問に即時に対応できる能力があるかを見るため、間髪を入れずに追加質問が行われることがあります。

○地域住民との利害調整・交渉ができるか

　例えば施設を建設・廃止する際には、地域住民からの反対が寄せられる場合があります。その際にどのように利害調整を図るかも管理職の重要な役割となります。反対者に対して真摯に対応しつつ、妥協点をうまく見つけ、交渉することができるかが評価のポイントになります。

○マスコミ対応ができるか

　管理職になるとマスコミ対応が重要な役割となります。特に不祥事が発生した場合には、内部での対応方針を決定して上司に報告したうえで

マスコミに正確に情報を流す必要があり、この手順を間違えると自治体の信用を大きく失うことになりかねません。手順を間違えることなく、迅速に対応することができるかが評価のポイントとなります。

4 係長試験の出題予想事例と実際の面接場面

　係長の事例式面接試験では、職場の課題を中心とした事例がよく出題されます。本章の2～8で、出題が予想される職場を中心とした七つの事例を厳選し、その回答のポイント、実際の面接場面を示します。
　想定 Q&A については、このくらい回答できていれば合格できると思われる内容を記載していますので、参考にしてください。

5 管理職試験の出題予想事例と実際の面接場面

　管理職試験の事例式問題では、係長試験と比べ、次のような特徴が見られます。
　　・議員や住民等、外部との調整に関する事例が多いこと
　　・複数の事例が同時に出題されること

　本章の9～14では、出題が予想される事例を厳選して六つ示します。
　自分の自治体の試験内容を確認したうえで、以下の事例を参考に準備を進めましょう。

第3章　これだけは押さえておきたい！　必須の事例式問題　65

2 事故への対応

〈事例文〉

> あなたはＡ市の保育園の園長です。ある日、あなたは午前中の間、出張で職場を外しました。午後になって職場に戻ってくると、保育士から、午前中に園庭の滑り台で遊んでいた園児がけがをし、すぐに病院に連れていってけがの手当てをし、お迎えにきた保護者に事情を説明しましたが、「子どもにけがの後遺症が残ったらどうするんだ。園長を出せ」と言われたとのこと。園長が不在である旨を説明したところ「この保育園はどんな管理体制になっているんだ。納得のいく説明をしろ」と憤慨して帰ったとのことでした。

1 面接官は何を聞きたいのか

　事故が発生した場合、適切な対応を行わないと、管理者としての責任を問われるだけでなく、自治体全体の信用に傷をつけてしまう可能性があります。「事故への対応」は、管理者としての危機管理能力、対応能力があるかを確認するための事例であり、いかに誠意を持って適切な対応ができるかが問われます。この点が、評価のポイントとなります。

　事故への対応というテーマでは、他にも、公園・道路・施設の不備や管理不足によるけが人の発生等、様々な事例の出題が予想されます。以下の「外してはいけないポイントはここ！」を参考に、どのような事例が出ても対応できるよう準備しておきましょう。

2 外してはいけないポイントはここ！

①正確な事実確認が重要

　焦ってすぐに保護者のもとへ説明に行くのではなく、まずはどのような状況で事故が発生したのか、管理体制に落ち度はなかったのか等を正確に確認する必要があります。

②再発防止策を検討・実施する

　事故の原因を保護者に説明して謝罪するだけでは十分とは言えません。同じような事故が二度と発生しないようにするための再発防止策についても、職員と一緒に検討し、職員間で共有する必要があります。事故が発生しないように日頃から危険を排除しておくとともに、発生時の対応ルールを作成し、周知徹底させることが重要です。

　また、園児の保護者から、園長が現場にいなかったことの責任を問われています。本来、出張中であっても事故があれば、担当保育士から園長に連絡すべきですが、それがなかった点が大きな問題です。事故発生時の連絡体制が決まっていなかったとすれば、至急、体制を構築し、職場に徹底する必要があります。

③職員の危機管理意識を醸成する

　このような事故の再発を防止するためには、危機管理体制を構築するだけではなく、日頃からの職員の危機管理意識の醸成が重要となります。事故をきっかけとして、事故発生時の対応等について話し合ったり、他の事故の事例を共有したりする体制を構築することで、持続的に危機管理意識を確保できるようにすることが重要です。

④誠意ある対応が必要

　園児がけがをしているため、園長が出張中であったことを含めて、その時の状況を正確に保護者に伝え、誠心誠意、謝罪することが大切です。そして、再発防止策を伝え、このようなことが二度と起きないように管理を徹底する旨を伝えることが重要です。事実をごまかして伝えるようなことは、厳に慎まなければなりません。

3 想定 Q&A と評価ポイント

想定される質問例と回答例	評価ポイント
Q あなたが園長ならまず何をしますか? **A** まず、担当の保育士から、どのような状況で事故が発生したのか、管理体制に落ち度はなかったのかなどを正確に確認します。また、他の保育士からもその時の状況を確認します。	
Q 事実確認ができた後はどう対応しますか? **A** 保育士を集め、このような事故が二度と発生しないよう、再発防止策を検討します。例えば、保育体制が手薄だったことでけがが発生していたとすれば、複数人で園児を見守ることができるように体制を組むといった対策を議論しながら検討します。	←再発防止策という具体的な回答をしているのが高評価です。
Q 保育士から現在の人員体制ですべての園児を見るのは不可能だと反発されたらどうしますか? **A** 反発された場合、現在の人員体制が厳しい状況にあることについては十分理解を示したうえで、園児の安全を守ることが保育士の重要な役割であることをうったえます。そして、厳しい状況の中でも、一緒に業務改善をするなどの工夫をして時間を生み出し、対応していくことの必要性を伝え、理解を求めていきたいと思います。	←厳しい状況にあることに理解を示し、職員に寄り添いつつも、熱意を持って改善の必要性をうったえ、説得していこうとする姿勢がPRできています。
Q 今回の事例における職場の管理体制の問題は何だと思いますか? **A** 今回の場合、園長が出張中に事故が発生しましたが、本来、園長が出張中であっても、担当保育士が園長に事故があったことをすぐに連絡すべきで	

す。それがなかった点が大きな問題であり、事故発生時の連絡体制を至急構築し、職場に徹底します。

Q 他にはありませんか？

A 再発防止策や連絡体制等を整備するだけでは十分ではなく、園長への連絡がなかったことも含め、保育士の危機管理意識を醸成する必要があると考えます。日頃から、事故やトラブルの事例を勉強し合ったり、事故発生時の対応などについて話し合ったりすることで、危機管理意識を醸成していきたいと思います。

Q 園児の保護者にはどう対応しますか？

A 園長が出張中であったことを含め、その時の状況を正確に保護者に伝え、誠心誠意、謝罪します。そして、再発防止策を伝え、このようなことが二度と起きないように管理を徹底していく旨を伝えます。

Q 保育園における事故に関する危機管理で、園長にはどのようなことが求められると思いますか？

A 第一に、けがや事故が発生した際の保育士への適切な指示と判断です。けがの状況がどうなのか、病院に搬送する必要があるのか、保護者への報告をどうするか、再発防止策をどうするかといったことを迅速かつ的確に判断する必要があります。第二に、危機管理体制の構築と危機管理意識の醸成です。事故が発生しないように日頃から危険を排除しておくとともに、万が一発生してしまった場合の対応ルールを構築して周知徹底しておき、保育士の危機管理意識を醸成しておくことが重要と考えます。

← 「他には？」と矢継ぎ早に質問されることがあります。このような場合、答えられないとマイナスとなりますので、角度を少し変えて答えるなど、何かしらの回答をするようにしましょう。

← 事故発生時に園長に求められる役割を具体的に示すことができています。

第3章 これだけは押さえておきたい！ 必須の事例式問題 69

3 窓口トラブル、クレーム対応

〈事例文〉

　あなたは4月に、A係の係長として赴任しました。係員のB主任は、能力は高いのですが、他者の意見を受け入れず、たびたび同僚や住民とトラブルになっています。ある日、B主任が窓口で住民対応をしていたところ、口論となり、住民は怒鳴り声をあげて帰ってしまいました。あなたがB主任を呼んで事情を聞くと、「自分は絶対に悪くありません。住民の主張のほうが間違っています」と憤慨した様子でした。その次の日以降、頻繁にその住民が窓口を訪れ、B主任の対応の悪さだけでなく、係の仕事全般について、何かにつけてクレームを言ってくるようになり、業務にも支障が出るようになってきました。

1 面接官は何を聞きたいのか

　係長には、組織目標を達成し、住民サービスのレベルを確保していくため、係員を適切に指導していくとともに、いわゆるクレーマー等にも適切に対応していくことが求められます。係長として、いかに部下に適切に指導を行い、クレームへの対応ができるかが、面接において評価のポイントとなります。

　窓口トラブル、クレーム対応というテーマでは、ごみ屋敷への対応をどうするか、窓口で怒り出した議員への対応をどうするか、課長不在時の住民からの苦情対応をどうするかといった様々な事例の出題が予想されます。

2 外してはいけないポイントはここ！

①正確な経緯を確認する

　B主任は「自分は絶対に悪くない」と言っていますが、住民がクレームを言ってくるようになったことを踏まえると、主任の言うことを鵜呑みにすることはできません。まず、B主任から事情を聞くとともに、状況を見ていた係員にも確認して正確な経緯を把握することが必要です。

　ただし、B主任はたびたび同僚や住民とトラブルを起こしているとはいえ、それだけをもって、本人の話を聞かずに叱りつけるようなことは慎まなければなりません。

②部下への適切な指導が必要

　もし、B主任が誤った対応をして住民トラブルに発展していたとしたら、B主任に対して適切な指導を行う必要があります。

　B主任は、係内でもたびたびトラブルを起こしており、他者の意見を受け入れない傾向があるようです。そのような係員に対しては、係長としてしっかりと指導していく必要があります。

　指導をしても本人が態度を改めない場合は、課長に相談するなど、次の対応を検討・実施する必要があります。

③クレームへの適切な対応を行う

　住民がクレームを言ってきており、それが常態化すると、係の仕事全体に悪影響を及ぼすこととなります。そこで、係長として、住民に適切に対応する必要があります。

　こちらに非があったのであれば、まずはそれについてしっかりと謝罪し、そのうえで、住民の主張をよく聞き、対処をしていくことが必要となります。

3 想定 Q&A と評価ポイント

想定される質問例と回答例	評価ポイント
Q あなたが係長なら、まず何をしますか？ **A** Ｂ主任は、自分は間違っていないと主張していますが、それ以降、住民がクレームをつけてくるようになっている以上、Ｂ主任と住民との間で何かしらのすれ違いがあったと考えられます。そこで、改めてＢ主任を呼び、どのような経緯で住民が怒ってしまったのかを詳しく聞きます。また、それとあわせて、その状況を見ていた係員にも経緯を確認することで、正確な状況を把握します。	
Q Ｂ主任と、状況を見ていた係員の言っていることが食い違っていたとしたらどうしますか？ **A** 見方によって言っていることにも違いが出てくると思いますので、先入観だけでどちらかの言っていることが正しいと決めつけないように、可能な限り公平な視点に立って、冷静に判断したいと思います。	←公平な視点から正確に状況を把握しようとする姿勢が見えて高評価です。
Q その結果、Ｂ主任の対応に問題があったと判断した場合、どう対応しますか？ **A** Ｂ主任の対応に非があったとしたら、Ｂ主任を指導し、説得して、まず、Ｂ主任と私とで、その住民に対してしっかりとお詫びをし、非のあった部分について丁寧に説明します。	
Q Ｂ主任は人の意見を聞かない性格で、自分は悪くないと反発しています。住民に対して謝罪をすることを了解しないのではないでしょうか？ **A** 一対一で話し合い、Ｂ主任の今回の対応をきっかけとしてクレームに発展し、係の業務にも支障が	

出ていることなども伝え、説得します。ただ、一方的に話すのではなく、B主任の主張もよく聞きながら、私の発言に対する反応も見ながら、B主任がいつも頑張っていることも認め、説得します。そして、係長である自分も、トラブルとなった住民に対して一緒に謝罪することを伝え、理解を得たいと思います。

Q それでもB主任が納得しなかったらどうしますか？

A まずは、継続的に、粘り強く対話を続けます。自分の意見が正しいと思っていたとしても、係の目標を達成するために、自己主張ばかりしていては仕事は進まないこと、トラブルに発展してしまうこと、係の一員として対応していくことの必要性をうったえます。それでも納得しなければ、課長にも相談します。

Q 住民がたびたびクレームを言うようになっていますが、どう対応しますか？

A B主任と一緒に率直に謝罪したうえで、クレームを言われている部分について話し合い、理解を求めていきます。

Q いわゆるクレーマーへの対応で重要なことは何だと思いますか？

A 様々なタイプのクレーマーがいますので、タイプを見極めたうえで対応するのが大前提になりますが、相手の主張をまずはよく聞き、いったん受け止めたうえで、こちらの考え方を説明し、少しずつ理解を求めていくことが重要と考えます。もちろん、悪質なクレーマーには毅然とした対応をとることも重要と考えます。

←一方的に言うことを聞かせようとするのではなく、B主任の主張を聞き、日頃の頑張りを認め、受け入れながら、粘り強く説得していこうとする姿勢を示せています。

←このように、面接官が何度も同じ趣旨の質問を繰り返してくることがありますが、粘り強く対応していくこと、それでも駄目なときの対応策をしっかり説明できています。

←クレーマーへの対応について、タイプを見極めつつ基本的な対応方法を示すことができています。

第3章　これだけは押さえておきたい！　必須の事例式問題　73

4 業務量の調整

〈事例文〉

> あなたはＡ係の係長です。Ａ係では、今年度から新規事業を実施することとなりましたが、現在、その担当者であるＡ主任が、庁内調整からスケジュール管理までを対応し、毎日遅くまで残業をしている状況にあります。他の係員もそれぞれ複数の業務を担当していますが、そこまで残業が多い状況ではありません。

1 面接官は何を聞きたいのか

　年度当初には、係員の能力や適性等も踏まえたうえで業務分担を行いますが、どうしても年度途中で業務量の偏りが発生することがあります。

　業務量の偏りは、職員のモチベーションの低下や、健康面での問題等も引き起こしかねません。これらを理解したうえで、係長として、いかに適切な方法で業務量の偏りを是正することができるかが確認されます。

　業務量の調整というテーマでは、恒常的な残業があり人員増ができず、職員の不満が噴出する中でいかに新規事業を実施するか、他の係の協力が必要な場合にどう対応するかといった様々な事例の出題が予想されます。

2 外してはいけないポイントはここ！

①業務量の偏りが招く弊害を想定する

　業務量の偏りは様々な弊害を引き起こしかねません。例えば、毎日遅くまで残業をしている職員と、毎日定時で帰宅し、年休をたくさん取っている職員が同じ係内にいた場合、遅くまで残業をしている職員の不満

が溜まり、モチベーションの低下を招く可能性があります。また、長期間にわたって残業をしている職員は、体調やメンタルヘルスに支障をきたす可能性があります。

　係長には、以上のようなことをしっかりと想定し、業務量の偏りがある状態を放置せず、適切な対応ができるかが問われます。

②係員の業務量を正確に把握する

　業務量の偏りを是正するには、まず、それぞれの係員の業務内容、業務量、業務の困難度等を正確に把握することが重要となります。また、残業を生じさせている業務が短期的に終わるものであるのか、中長期的に続くものであるのかを把握する必要があります。

③業務量・業務の困難度等を踏まえて適切に業務を配分する

　業務量等が把握できた後は、残業の多い係員の業務の一部を他の係員に担当させるなど、各係員に適切に業務を配分する必要があります。配分にあたっては、各係員の能力や適性等を十分見極めながら、業務の困難度も踏まえて配分する必要があります。

　あわせて、業務の効率化も検討する必要があります。

④係員に理由をしっかり説明して調整する

　残業の多い係員とそうでない係員だけに説明し、業務の調整をするという方法もありますが、係会を開催し、係内で業務量の偏在があり、支障が出ているという問題意識を共有し、一緒に考えるといったように、係全体を巻き込むことも、係一丸となって目標を達成するという点で重要です。

　業務量の平準化を図ることによって業務量が増える係員からは、反対意見が出てくることも予想されます。そのような係員に対しても、係として成果を上げていく必要があること、特定の係員に業務が集中することは望ましくないこと等、理由をしっかりと説明し、説得することが必要となります。

3 想定 Q&A と評価ポイント

想定される質問例と回答例	評価ポイント
Q あなたが A 係の係長だったとします。このケースでは、何が問題だと思いますか？	
A まず、A 主任だけに業務が偏っている状況が問題です。A 主任は毎日遅くまで残業をしていますが、他の係員はそこまで遅くはないことから、A 主任の不満が溜まり、モチベーションの低下を招く可能性があります。また、A 主任の体調やメンタルヘルスに支障をきたす可能性もあることから、早急に業務量を平準化する必要があると考えます。	←業務量の偏りによる弊害を正確に把握できています。
Q 業務量の平準化を図るということですが、具体的にはまず何をしますか？	
A まず、各係員の業務量と業務の難しさがどの程度であるかを正確に把握します。また、残業を生じさせている業務が短期的に終わるものであるのか、中長期的に続くものであるのかを把握します。そしてそのうえで、残業の多い係員の業務の一部を他の係員に担当させるといった業務量の調整を行います。	←短期的な対応と中長期的な対応を分けて考えている点が高評価です。
Q 業務量をどうやって正確に把握するのですか？	
A 残業の多い係員にヒアリングし、残業が多くなっている理由や業務の困難度、今後の業務の見込みなどを確認します。また、他の係員にも、係会を開催するか、もしくは個別にヒアリングを行い、今後の業務量や今後の業務の見込みを確認していきます。	

Q 具体的にはどのように係員の業務量の平準化を図るのですか？

A 各係員の能力や適性、現在の業務量と業務の困難度を十分勘案したうえで、業務を再配分します。残業を生じさせている業務が短期的に終わるものであれば、例えば、A主任が持っている定例的な業務を他の係員に担当させることにより、A主任が新規事業に集中できるようにします。中長期的に業務量が多い状況が続く場合には、係全体の業務分担の変更も含めて検討し、A主任の負担を軽減します。また、業務量の調整だけでなく、無駄な業務がある場合には業務の効率化を図り、時間を生み出していきます。

←係員の能力や適性、業務量・困難度といった要因を踏まえ、具体的な対応方法が示されています。

←業務の効率化にも触れている点が高評価です。

Q 業務量の平準化を図ったとして、業務量が増える係員からは反対意見が出るのではないでしょうか？

A 確かに、反対意見が出ることは予想されます。反対意見が出た場合には、まず、係会を開いて、新規事業の実施でA主任の業務量が増え、残業が続いていること、特定の職員に業務が偏ることは望ましくないこと、係として新規事業を成功させる必要があることをうったえ、係全体で問題意識を共有します。そして、新規事業を成功させるためには業務量を平準化する必要があることを伝え、A主任をフォローする体制について係員全員で話し合い、業務分担を行います。このように、係員を巻き込んで一緒に検討していくことで、係が一丸となって取り組んでいく意識を持ってもらえるようにしていきます。

←係員を巻き込んで問題意識を共有し、係一丸となって取り組もうという姿勢が明確に示されています。

第3章　これだけは押さえておきたい！　必須の事例式問題　77

5 業務の見直し・改善

〈事例文〉

> あなたが赴任したＡ係は、非常に業務量が多く、常に残業が発生しており、職員はかなり疲弊している状況にあります。業務量自体も多いのですが、一部には非効率な業務も見受けられ、時折、事務のミスも発生しています。ただ、係員には前例踏襲の意識が強く、一向に改善が図られない状況にあります。

1 面接官は何を聞きたいのか

現在、自治体の業務量は増大しており、職員の増員が難しいなか、一人あたりの業務量は増大する傾向にあります。このような状況の中で、係長には、常に業務の見直し・改善を図って時間を生み出し、本当に必要となる業務に割り当てていくマネジメントが求められます。

ただ、職員の中では見直し・改善を行おうとする意識が低い場合もあります。そのような中でも、係長としていかに職員に働きかけ、見直し・改善を図っていくことができるかが問われています。

業務の見直し・改善というテーマでは、事務でトラブルが起きた際にどのように事務の見直しを図るか、馴れ合いになっている係をいかに改善するかといった様々な事例の出題が予想されます。

2 外してはいけないポイントはここ！

①係員を巻き込んで議論する

係長だけで改善案を検討して実施することはできませんし、一部の係員のみが検討するのでは本当の見直しにはつながりません。係会を開い

て業務の見直しや改善ができる部分がないかを議論するなど、係員全員を巻き込むことにより、当事者意識を持ってもらうことも重要です。

②係員の意識を喚起する

　係員に前例踏襲的な意識が根強く、業務の改善をしようという意識が低い場合、まず、係員の見直し・改善に関する意識を喚起する必要があります。その際には、係長として、業務の見直し・改善を図った職員を褒めるといったインセンティブを与えることも必要です。

　とはいえ、前例踏襲の意識が強い職員がすぐに改善の行動をとるのは難しいと考えられます。ただ、一部の職員には改善しようという意識を持つ人もいるかもしれません。まずはそのような意識の高い職員に率先して改善の行動をとってもらうことで、少しずつ改善の意識を課全体に波及させていくことも有効です。

③職員の体調・メンタルヘルスに留意する

　残業状態が長く続くと、職員の肉体的な健康やメンタルヘルス等に支障をきたす可能性が出てきます。このような事態を招く前に、係長として、職場環境の改善を図ることが必要です。

　忙しい中であっても、効率的・効果的に仕事を進めていくためには、係長として休暇をとりやすい環境をつくることも重要です。課長にも働きかけて、課としての定時退庁日をつくり、職員にその日は早く帰るようにうながしたり、職員に適宜、休暇をとるように指導したりすることで、心身のリラックスを図ることも必要です。

　また、心情的に、係長が休暇を全くとらない中では職員も休暇が取りにくいということもありうるため、係長自ら、仕事を効率的に行い、仕事をする時にはする、休む時には休むという姿勢を見せていくことも必要です。

3 想定 Q&A と評価ポイント

想定される質問例と回答例	評価ポイント

Q あなたが係長ならまず何をしますか？

A まず、係会を開き、係員に、業務量が多い一方で非効率な業務も多く、時間を生み出していくためには業務の見直し・改善が必要であることを伝えます。そして、係員を巻き込んで、一緒に改善できそうな業務をピックアップしていきます。

← 係員を巻き込んで改善について考えていく姿勢が PR できています。

Q A 係は常に残業が発生している状況にあります。職員に、改善を考える余裕などないと反発されたらどうしますか？

A 残業が恒常的に発生しているからこそ、業務の改善を図ることで時間を生み出していくことが重要であるとうったえます。また、A 係では時折、事務のミスが発生していますが、改善を図ることでミスを減らす必要があるともうったえます。そして、こうした改善をすることで今後の業務が楽になるともうったえ、粘り強く説得していきたいと思います。

← 反対する職員に対し、事務ミスの改善等により今後の業務が楽になるというメリットを具体的に伝えている点が高評価です。

Q 職員は前例踏襲の意識が強いようです。本当にそのような対応で改善を行ってくれるでしょうか？

A 前例踏襲の意識が強い職員に対しては、事務の改善を図っていくことの必要性を理解してもらえるように意識喚起をしていく必要があります。例えば、職員のすべてが前例踏襲の意識を持っているとは限らず、数人は改善の必要性を認識している職員もいると思います。その数人にまずは改善の必要性を理解してもらい、改善の行動をとっても

← 前例踏襲の意識が強い職場を改善するための具体的な対応策が示されています。

らうことで、少しずつ改善の意識を係全体に波及
させていくことも可能になると考えます。

Q 改善点が見つかったとして、どのように対応しま
すか？

A すぐに実際の改善にとりかかります。まずは係会
を開いて、改善を行う担当を分担し、対応します。
個々の改善を行った後は、実際にうまく機能して
いるかを確認し、さらなる改善点がありそうであ
れば、その点についても係員を巻き込んで改善を
図っていきます。

← 一度改善をして
終わりにするの
ではなく、その
後の状況も確認
し、さらなる改
善点を探してい
こうとする前向
きな姿勢が示せ
ています。

Q 職員が疲弊しており、このままでは体調不良やメ
ンタルに支障をきたす職員が出てくる可能性があ
ります。どう対処しますか？

A まずは、先ほど申し上げたような業務改善を行う
中で、時間の余裕を生み出し、職員の負担を減ら
していきます。それとあわせて、たとえ忙しい中
ではあっても、適宜休暇をとってリフレッシュす
るように職員を指導し、体調不良やメンタル不調
にならないような配慮をします。

Q 忙しい状況で、休暇が本当にとれるでしょうか？
働き方改革と言われていますが、係長としてどう
対応をすべきだと思いますか？

A 仕事にメリハリをつけて、休息や休暇をとりやす
い環境をつくるのも係長の役割だと考えます。課
長とも相談のうえ、課としての定時退庁日をつく
り、その日は早く帰るようにうながします。また、
私自身も率先して、仕事にメリハリをつけて行い、
働く時は働き、休む時は休むという姿勢を職員に
見せていきます。

← 具体的に休息や
休暇をとりやす
い環境づくりの
方策を示すこと
ができています。

第3章　これだけは押さえておきたい！　必須の事例式問題　81

6 係員の指導・教育

〈事例文〉

　あなたは、4月に、新任の係長としてA係に赴任しました。A係にいるB主事は50代のベテラン職員ですが、仕事をしない職員として庁内でも有名であり、電話や窓口にも出ず、時折、気が向いた時に仕事をしますが、資料はミスだらけです。昨日、あなたが残業を依頼した際も、用事があるので残業できませんと言い、定時で帰ってしまいました。他の係員が仕事の応援を求めても聞き入れることはなく、「こんな仕事、適当にやっておけばいいんだよ」と周囲に話しています。他の係員からは、B主事がいるとモチベーションが下がるので異動させてほしいとの声が寄せられています。

1 面接官は何を聞きたいのか

　仕事をしない、残業を依頼しても帰ってしまうといった職員は、いまだに一部で存在しているのが現状です。そのような職員の存在は、周囲の職員のモチベーションの低下を招く可能性があります。係長として、これらの職員へいかに指導し、職場の環境を整備することができるかが面接における確認点となります。

　係員の指導・育成というテーマでは、他にも、新人職員の指導をどうするか、新任係長としてベテラン主任にどう対応するか、何度も同じミスを繰り返す係員にどう対応するか、チームワークを乱す職員や仕事をしない職員にどう指導するかといった様々な事例の出題が予想されます。

② 外してはいけないポイントはここ！

①粘り強い指導が必要

　ベテランで仕事をしない職員は、何年もの間そのような状態を続けていると考えられます。そのため、そう簡単に態度を改めさせることは難しいのが現実です。ただ、無理だと指導をあきらめてしまっては係長失格です。少しずつでも改善を求め、粘り強く指導をしていくようにします。

　本人と一対一で話し合い、問題のある行動について注意をし、それが周囲のモチベーションの低下につながっていることを伝えなければなりません。そのうえで、本人の考えを聞き、反省の色が見られるか、実際に行動の改善が見られるかを把握しながら、さらに指導をしていく必要があります。

②問題行動が目立つ場合、記録をとっておく

　問題行動があまりに目立ち、改善の余地が見られないようであれば、課長にも相談のうえ、人事担当部署へも相談し、最悪の場合、処分なども検討することも考えられます。

　ただ、そのような事態は可能な限り避けるべきであり、指導することをすぐにあきらめてはいけません。しかしながら、処分も見越したうえで、問題行動があった場合や指導をした際の記録をとっておくことを忘れないようにしてください。

③周囲のモチベーションに配慮する

　仕事をしない職員がいると、周囲の職員のモチベーションの低下を招きます。目立った改善が見られない場合、周囲の職員のモチベーションを向上させるまでには至らずとも、適宜相談に乗ったりすることで、彼らのモチベーションの維持に努めていくことも係長の重要な役割となります。

第3章　これだけは押さえておきたい！　必須の事例式問題　83

3 想定 Q&A と評価ポイント

想定される質問例と回答例	評価ポイント
Q あなたが係長ならまず何をしますか? **A** まず、本人と一対一で話し、問題のある行動について注意をします。その際には、ベテラン職員の行動が周囲の係員のモチベーションの低下に大きな影響を与えていることを伝え、問題意識を持たせるようにします。そして、本人がなぜ仕事をしないのか、問題のある行動をとっているのかについて、本人の主張を聞きます。本人に反省の色が見られるか、改善の行動が見られるかを把握しながら、適宜指導していきます。	←一方的に叱りつけるのではなく、本人の主張を聴いたうえで対応しようとする姿勢が PR できています。
Q 新任係長の言うことをベテラン職員が聞き入れるとは思えないのですが、反省の色が見えなかったらどうしますか? **A** 確かに、新任係長の意見をすぐに聞き入れてはもらえないかもしれませんが、粘り強く対話を続けていきます。B 主事は、気が向いた時には仕事をしていますので、全く何もしないわけではないと思います。少しずつでも仕事をする機会を増やし、その点については感謝をするといったように、本人のモチベーションを高めていき、徐々に仕事の量を増やしていきたいと思います。	←B 主事の特性を見たうえで、モチベーションを高められるよう粘り強く指導していこうとする姿勢が高評価です。
Q それでも全く係長の意見を聞き入れず、改善が見られない場合にはどうしますか? **A** 係長としては、まずは自分のできる最大限で改善を粘り強く求め、指導していくのが大前提ではありますが、それでもどうしても改善が見られない場合は、課長に相談したいと思います。課長から	

のアドバイスをいただきながら、指導を継続していきます。ただ、それでも改善が見られないようであれば、課長とも相談のうえ、人事部署にも相談し、処分等も検討していきたいと思います。

Q 処分も検討するということですが、もしそのような事態になった場合、どう対応しますか？

A 処分を検討するにあたっては、B主事の問題行動がどのようなものであったかや、それに対してどのような指導をしてきたかを示す必要があると思いますので、それらを文章にまとめます。そして、その文章をもとに課長によく相談したうえで、人事担当部署に相談していきます。

←処分をする際に必要となることを十分理解していることがわかります。

Q 実際にはB主事の処分まではできず、異動もさせられず、そのまま係に留まることもあると思いますが、その場合はどうしますか？

A 今後の係の仕事の進め方、事務分担、業務体制などについて、他の係員とも相談しながら検討していきます。また、課長にも相談しながら、係としても目標を達成できるように、他の係員の協力を求めながら対応していきます。

Q 周囲の職員のモチベーションの低下が起きています。B主事の態度の改善が見られないのではさらにモチベーションが低下しませんか？

A 確かに、B主事の改善が見られない場合には、周囲のモチベーションの低下は否めません。モチベーションを向上させるまでには至らないかもしれませんが、適宜他の係員の相談に乗ったりすることでモチベーションの維持に努めていきます。

←他の係員のモチベーションに配慮していく姿勢が伝わる回答です。

第3章　これだけは押さえておきたい！　必須の事例式問題　**85**

7 職場における情報共有・コミュニケーション

〈事例文〉

あなたは、4月から、市民の様々な申請の受付を行うA係の係長として赴任しました。A係では、複数の係員が複数の業務を同時に取り扱っていますが、係員の間で各業務の情報伝達がうまくいっておらず、係員ごとに異なった対応を住民にしてしまい、たびたび住民対応でトラブルとなっています。係員同士で会話をする機会も少なく、係内には活気がない状態となっています。

1 面接官は何を聞きたいのか

係としての目標を達成していくためには、係員が一丸となって協力しながら対応していく必要があります。そのためには、係員の間で積極的にコミュニケーションをとり、情報共有を図りながら業務を進めていくことが重要となりますが、日頃から係にそのような情報共有の土台ができていないとトラブルが発生する場合があります。そのような場合に、係長としていかに係員を引っ張り、コミュニケーションや情報共有を活発化させ、成果を上げていくことができるかについて問うています。

同様のテーマでは、課内の各係間のコミュニケーションや情報共有をいかに図るか、他の部の係との連携をいかに図るかといった事例の出題が予想されます。

2 外してはいけないポイントはここ！

①情報共有の仕組みづくりが重要

係員間で情報共有が十分に図られていないと、業務上の大切な情報が

正確に伝達されず、係員によって違う対応を住民にしてしまうなどのトラブルに発展する可能性があります。このような事態を防ぐため、適切に情報共有を図ることができる仕組みを構築することが重要です。

　例えば、係会を定期的に開催して情報を共有する、ネットワークにつながっている共有フォルダに情報共有用のファイルを作成し、そこに必要な情報を各自が入力し、毎日印刷して確認するといった情報共有の方法が考えられます。

②仕組みを回すための工夫が必要

　ただ、情報共有の仕組みがあったとしても、誰もその仕組みを利用しないのでは意味がありません。情報共有の仕組みを回していくための工夫が必要となります。

　例えば、決定に関与した職員には、その決定内容を守ろうという意識が生まれやすくなります。そこで、係員を情報共有の仕組みづくりに関与させることで、参画意識を喚起することも効果的です。

　また、時間の経過や人事異動等により、情報共有の仕組みが形骸化する可能性もあります。その対応として、例えば、情報共有の仕組みが機能しているか定期的にチェックする、人事異動のタイミングで確実に引き継ぎを行うといったように、持続的に情報共有が図られるようにしていくことも必要です。

③コミュニケーションを活発化させる

　係員のコミュニケーションの機会が少ないと、情報共有が図られず、それがもとで住民とのトラブルに発展したり、職場の活気がなくなり、職員のモチベーションの低下を招いたりする可能性があります。

　そこで、誰でも自由に発言できるような雰囲気づくりをするのも係長の重要な役割となります。例えば、係員に日頃から声かけをする、係会を定期的に開催して自由に発言をしてもらうといった環境づくりをしていくことも必要です。

3 想定 Q&A と評価ポイント

想定される質問例と回答例	評価ポイント
Q あなたが A 係の係長ならどうしますか？ **A** 係員の間で情報伝達がうまくいっていないことにより、係員が異なった対応を住民にしてしまいトラブルが発生していることから、まず、情報共有を図ることができる体制を構築します。具体的には、定期的に係会を開催して、住民対応を適切に行ううえで必要なことについて情報共有を行います。また、情報共有すべきことが出てきた場合には、ネットワークの共有フォルダにあるファイルに書き込み、各自が確認するといったルールをつくり、情報共有を進めていきます。	←具体的な情報共有の方法を示すことで課題解決能力があることをPRできています。
Q 情報共有の仕組みをつくっただけでそう簡単に改善しないと思うのですが、どう考えますか？ **A** 確かに、係員が実際にその仕組みを活用しなければ、仕組みだけがあっても意味がありません。そこで、情報共有の仕組みをつくるにあたっては、係会を開いて係員と問題意識を共有し、議論をしながら決めていくといったように、係員を巻き込んで対応していきます。それにより、各職員が決定に関与したことで、責任を持って行動するよう促すことが可能になると考えます。	←係員を巻き込んで問題意識を共有し、責任を持たせるという対応が示せており高評価です。
Q 当初は情報共有ができるようになったとして、時間が経つと形骸化してしまうのではありませんか？ **A** 時間が経つと情報共有の必要性を忘れてしまったり、人事異動により情報共有の仕組みが引き継が	

れなかったりする可能性は確かにあります。その
ような形骸化が起きないように、係長として、情
報共有の仕組みが機能しているかを定期的に
チェックし、情報共有が行われていないようであ
れば適宜係員に指導していきます。また、人事異
動のタイミングでは、新しく係員となる職員に確
実に引き継ぎを行うことで、持続的に情報共有が
図られるように指導していきます。

Q 係員同士の会話が少ないようですが、それにより
どのような問題が発生すると思いますか？

A 係員同士の会話が少ないと、情報共有が図られず
業務に支障が出る可能性があるというだけでな
く、職場の雰囲気が悪くなり、意見を出し合って
業務の工夫をしたり、改善を図ったりといったこ
とが行われなくなると考えます。そのため、日頃
からコミュニケーションをとるようにすることが
重要と考えます。

Q それでは、職員間でコミュニケーションをとるよ
うにするためにはどうすればいいと思いますか？

A 係員が誰でも自由に発言できるような雰囲気をつ
くり、風通しのよい環境をつくることが重要だと
考えます。そのために、係長として、係員に日頃
から声かけをし、自由に発言してもらえるように
します。また、係会を定期的に開催し、その場で
も自由に発言してほしい旨を係員に伝え、発言し
やすい雰囲気づくりを行い、少しずつでもお互い
コミュニケーションをとることができる環境をつ
くっていきます。

←連続して否定的
な質問が投げか
けられ、それに
答えなければな
らないことがあ
りますが、瞬時
に次の対応方法
を示すことがで
きています。

←コミュニケー
ションを活発化
させるための方
策を提案できて
います。

第3章　これだけは押さえておきたい！　必須の事例式問題　**89**

8 上司・部下への対応

〈事例文〉

○あなたは、4月からA課のB係長として赴任しました。赴任して早々のある日、数人の係員から、「A課長は部下に対して具体的な指示を出すことはなく、進捗管理も一切行いません。仕事の進め方について相談をしても、何も判断してくれません。私たちにはどうしようもないので、係長として何とかしてください」と相談を受けました。係員にはかなり不満が溜まっており、課長との対立が深まっている模様です。

1 面接官は何を聞きたいのか

　係長には、課の目標を達成するため、課長の判断を仰ぎながら係員に指示を出し、業務を円滑に進めていくことが求められます。ただ、時として、課長と係員との間に挟まれ、その調整を迫られる場合もあります。そのような場合に、いかに両者の間を取り持ち、調整していくことができるかを面接官は聞こうとしています。

　上司・部下への対応というテーマでは、他にも、上司からの事業の方針転換に関する下命を部下にいかに伝えるか、上司と部下の意見の食い違いにどう対応するかといった事例の出題が予想されます。

2 外してはいけないポイントはここ！

①上司と部下に挟まれた場合の基本的な対応を理解する

　上司と部下に挟まれた場合、両者にはそれなりの主張があるはずです。どちらかの一方的な思い込みである場合もありますし、両者の主張に一理あるということもあるかと思います。まずは、両者の主張によく耳を

傾ける必要があります。そして、片方に問題があるのであればその点を指摘して改善を求める、両者に問題があるのであれば歩み寄れるような点を見つけて提案し、調整するといった対応が必要となります。

②正確に状況を把握する

　今回のケースでは、まず、係員の言っていることを鵜呑みにするのではなく、課長が本当に指示を出さない、進行管理をしない、判断しないのか、様々な状況から事実確認を正確に行う必要があります。

　もし係員の言うとおりだったとしても、課長がメンタル面で問題を抱えていてこのような状況になっている可能性もあるため、例えば、課長がうわのそらで考えごとをしている、悩みを抱えているような表情をしているといった徴候がある場合には、状況を確認する必要があります。

③逃げずに問題の改善を求める

　課長に問題があることが事実であった場合、係長として、課長にその問題の改善を求めていくことが必要となります。上司に対して問題点を指摘するのは勇気のいることですが、何も行動しないのでは係長としての責任を果たしたことにはなりません。一方で、係員の側にも問題があると判断した場合は、その点をしっかりと指摘し、説得する必要があります。

　課内に他の係長がいる場合は、他の係長と相談したうえで、一緒に課長に話をするといったように、自分だけで抱え込むのではなく、周囲を巻き込むことも必要です。

　課長に改善を求めても実際の改善が見られない場合は、部長に相談して判断を仰ぐことも必要です。

④両者の感情に配慮する

　上司と部下の間のトラブルでは、お互いもしくは一方が感情的になっている可能性があります。そのような感情を無視して調整を行うと、かえってトラブルが大きくなる可能性もあります。感情に配慮しつつ、お互いの主張をよく聴きながら調整をしていく必要があります。

3 想定 Q&A と評価ポイント

想定される質問例と回答例	評価ポイント
Q あなたが係長ならどう対応しますか？ **A** まず、係員の言っていることが本当に正しいのか、他の係長にもこれまでの状況を聴き、自分の目でも実際に課長の動きを見て、正確に事実確認を行います。もしかしたら、課長がメンタル面で問題を抱えていて、このような状況になっている可能性もありますので、事実確認はしっかり行いたいと思います。	←係員の主張を鵜呑みにせず、事実確認をしっかりと行おうとする姿勢、メンタル不調の可能性も想定している点が高評価です。
Q 課長がメンタル面で問題を抱えていたとしたらどうしますか？ **A** まず、部長に状況を詳細に報告し、課長への対応方法について判断を仰ぎます。課長のメンタル面での状況にもよりますが、必要があれば人事担当部署にも相談し、メンタル不調の職員に対する対応方法についてアドバイスを受け、場合によっては産業医への相談を勧めるといった対応を行います。	←メンタル面での職員への基本的な対応方法を理解していることが PR できています。
Q 課長がメンタル面に問題がなかった場合はどうしますか？ **A** まず、課長への対応方法について、他の係長と打ち合わせをして検討します。そして、他の係長と一緒に課長と話をする機会を設け、課長が判断をしないことで現場が混乱しており、職員のモチベーションが下がってしまっていることを伝えます。	
Q それでも課長が態度を改めなかったらどうしますか？	

A まずは何度か課長との対話の機会を設け、少しずつでも改善していただけるよううったえていきます。ただ、それでも全く改善が見られないようであれば、部長に相談し、課長への対応方法について判断を仰ぎます。

Q この事例のように、係長になると、課長と係員の間に挟まれるようなケースが出てくると思います。そのような場合には、どんなことに注意すべきだと思いますか？

←面接官はこのように、問題意識を一般化して再度質問してくることがあります。

A 課長と係員の間に挟まれてしまうような状況になった場合、おそらく、課長にも係員にもそれぞれの言い分があるのだと思います。まずは、両者の話をよく聞き、両者が歩み寄れるような点を見つけ、それを提案して調整を図ることが必要になると考えます。もし、一方が悪いようであれば、その点を改めてもらえるよう説得をしていくことも必要になると考えます。

←両者の主張をよく聞いたうえで歩み寄れる点を探していく姿勢がよく表れています。

Q 例えば、これまで実施してきた事業の内容について、課長から全く違う方針に転換するよう指示を受けた場合、係員からの反発が予想されますが、どう対応しますか？

←このように、同様のテーマで別の事例について質問されることもあります。

A 課長の方針転換の内容が、納得のいく、妥当なものであれば、係員の反発があったとしても、係長として説得します。その際には、係員の感情的な面に配慮しながら、しっかりと方針転換の理由を説明し、必要性をうったえていきます。ただ、もし、方針転換について疑問が残るのであれば、それを鵜呑みにせず、課長にその疑問点を確認して修正を図る必要があると考えます。

←課長の指示を鵜呑みにするのではなく、しっかりその妥当性を確認したうえで係員に説明をしていこうという姿勢が高評価です。

第3章　これだけは押さえておきたい！　必須の事例式問題　93

9 不祥事発生時における議員・住民・マスコミ対応

〈事例文〉

○あなたは税務課の課長です。ある朝、係長が血相を変えて飛び込んできました。話によると、複数の住民から、別の人の税額通知書が発送されてきたという苦情が来ているとのこと。係長から報告を受けている最中、議員から電話がかかってきました。「住民から税額通知書が誤って発送されてきたという情報を聞いた。マイナンバーも記載されている。とんでもない情報漏えいだ。どうなっているのか？」

1 面接官は何を聞きたいのか

　個人情報の漏えいは、それ自体が自治体の信用を失墜させますが、対応を間違えるとさらに問題を大きくさせることとなります。この事例は、管理職としての危機管理能力があるかを確認するためのものであり、面接官から間髪入れずに質問が飛んできますが、それに対して適切かつ具体的な行動を即座に示すことができるかが管理職の適性を見るうえでの評価のポイントとなります。

　不祥事発生時における議員・住民・マスコミ対応というテーマでは、職員の公金横領、交通事故・暴力・痴漢・窃盗による逮捕といった不祥事に際して、議員や住民、マスコミ等にどう対応するかといった事例の出題が予想されます。

2 外してはいけないポイントはここ！

①対応の順序を間違えない

　議員やマスコミに説明する内容は、自治体としての公式見解である必要があります。まず、状況を正確に把握し、広報担当部署、部長や副市

長、市長に報告したうえで、議員・マスコミに対して正確かつ迅速に情報を発信する必要があります。この順序を間違えると、大きなトラブルとなる可能性があります。議員への報告の順番や方法については、各自治体の慣例で決まっている場合がありますので事前に確認しておきましょう。

②正確な事実確認が重要

　情報漏えいが発生した場合、正確な事実を公表し、謝罪する必要があるため、まず、事実を正確に確認する必要があります。何世帯に誤発送されているのか、どのような個人情報が漏えいしたのか、原因は何か等、影響の範囲を正確に把握し、時系列で資料をまとめる必要があります。

③議員への対応を誤らない

　議員に対しては、その場しのぎの適当な受け答えをするのではなく、事実確認をしたうえで正確な内容を答える必要があります。まずは「事実を確認したうえでご回答します」といったように回答しましょう。そして、事実確認ができたら、議員に正確な事実と今後の対応について忘れずに連絡しましょう。

④住民・マスコミへの謝罪と適切な対応が必要

　情報を漏えいしてしまった住民に対して、謝罪と適切な対応が必要となります。個々の住民に対して誠心誠意、謝罪を行うとともに、広報担当部署と調整のうえ、謝罪の広報を行う必要があります。

　情報漏えいがマスコミの知るところとなるのは時間の問題です。行政として情報漏えいを隠蔽することは最もしてはならないことであり、事を大きくしたくないからとただ取材を受けるのを待つのではなく、自治体のほうから迅速かつ正確にマスコミに情報を発信することが重要です。

⑤部下を動かす

　このような事態の場合、管理職だけですべてに対応することは不可能です。係長に経緯をまとめた資料の作成を依頼するなど、部下を動かしつつ、自分は調整を行うといった役割分担を行うことが重要です。

第3章　これだけは押さえておきたい！　必須の事例式問題　95

❸ 想定 Q&A と評価ポイント

想定される質問例と回答例	評価ポイント
Q 今まさに議員から電話がかかってきていますが、あなたが課長ならどうしますか？ **A** まず、議員に対して、情報漏えいの事実確認を正確に行ったうえで改めて連絡する旨を伝え、いったん電話を切ります。そして、誤発送の範囲がどの程度か、原因は何かを詳細に調査します。	←この時点では事実が把握できていないため、確認後に回答する旨を伝えるのがポイントです。
Q 事実確認は具体的にどう行うのですか？ **A** 至急、関係する係長と係員を集めて、事実の調査を指示します。何世帯に誤発送されているのか、どのような個人情報が漏えいしたのか、原因は何かなどを具体的に確認させます。そして、経過を時系列で資料にまとめさせます。	←自分だけで対応は不可能です。部下に具体的な指示を出して動かしている点が高評価です。
Q 情報漏えいが事実だった場合、どう対応しますか？ **A** 至急、部長、広報課、副市長、市長に、情報漏えいの事実を口頭で伝えます。そして、情報漏えいの範囲、原因に基づいて再発防止策を検討し、部長に相談します。それらを資料にまとめたうえで、改めて広報課、副市長、市長に報告します。庁内の報告が終わった後で、議員への報告を行います。まず、所管委員会の正・副委員長、議長・副議長に連絡し、情報漏えいをさせてしまったことを謝罪し、その影響範囲、原因を伝えます。そして、二度とこのようなことのないように再発防止策を講じる旨を伝えます。他の議員にも同様に連絡します。その後で、広報課と連携してマスコミへの公表を行います。	←事実確認だけでなく、再発防止策を検討して示すことが重要です。 ←議員への報告方法や順番は自治体によって異なります。事前に確認しておきましょう。

Q 再発防止策を講じるとのことですが、具体的には
どのような対応をしますか？

A 誤発送のミスが二度と発生しないよう、チェック
体制を再構築します。具体的には、担当者が複数
名で宛先と中身が一致しているかをチェックした
のち、係長が最終的なチェックを行い、チェック
内容を課長に報告して確認する体制を構築します。

←再発防止策を具
体的に示すこと
ができています。

Q 情報漏えいした住民への対応はどうするのです
か？

A 情報漏えいさせてしまった個々の住民に対して謝
罪し、情報漏えいの経過と原因、再発防止策につ
いて丁寧に説明を行います。また、広報誌やホー
ムページにも謝罪の記事を掲載します。

Q マスコミへの対応は具体的にどうするのですか？

A 今回の場合、まだマスコミから取材が来ていませ
んが、可能な限り速く、市のほうからマスコミに
情報を発信する必要があります。まず、情報漏え
いが発生した経緯、影響範囲、再発防止策などを
まとめた資料を持って広報課と相談し、マスコミ
への連絡のタイミング、方法等について協議しま
す。対応方法が決まりましたら、改めて部長、副
市長、市長に今後の対応について報告し、了承を
得ます。そのうえで、広報課と連携してマスコミ
への公表を行います。

←マスコミ対応の
基本的な手順を
説明できていま
す。

第3章　これだけは押さえておきたい！　必須の事例式問題

10 住民・議員の利害調整

〈事例文〉

○あなたは、4月に保育課の課長として赴任しました。市では多くの
待機児童が発生しており、その解消について議会や住民から多くの
要望が寄せられています。昨年度、B地区で保育所建設のための土
地が見つかり、これまで保育所の建設の調整をしてきました。4月
に入って早々、住民説明会を開催したところ、近隣住民から「子ど
もの声がうるさくて生活できなくなる」「計画を決める前から住民に
なぜ相談がなかったのか」といった反対意見が噴出しました。この
ような状況を聞きつけた当該地区の議員から、「計画段階から地元議
員に説明がないというのはどういうことなのか。どう責任をとるのか。
計画をいったん廃止すべきだ」と言われました。

1 面接官は何を聞きたいのか

　新たな施設の建設や廃止を行う場合には、住民や議員から、総論とし
ては賛成であっても各論としては反対という意見が出てくることがよく
あります。このような場合、すべての人を完全に納得させることは非常
に困難となります。そこで、いかに妥協点を見つけ、説明・提案し、利
害の調整を適切に図ることができるかについて、面接官は受験者から聞
きだそうとします。

　住民・議員の利害調整というテーマでは、ごみ屋敷や空き家への対応
に関する地域住民・議員からの反対にどう対応するか、ごみの集積場の
設置場所に関する住民からの苦情にどう対応するか、住民説明会でのク
レームにどう対応するか、施設の廃止について住民にいかに理解を求め
るかといった様々な事例の出題が予想されます。

98

2 外してはいけないポイントはここ！

①経緯を正確に把握する

　保育所の建設に関する議員や地域住民への説明が不足していた場合、議員や地域住民からの厳しい追及が予想されます。まず、どのような経緯でこれまで議員や地域住民に説明が行われきたのかを正確に把握することが重要です。

　経緯を把握し、行政側に落ち度があったとしたら、その点については率直に謝罪することが必要です。

②誠心誠意、理解を求める

　施設の建設や廃止のようなケースでは、建設や廃止の必要性は理解できなくはないけれども、自分の地域においては納得できないといったような、いわゆる総論賛成、各論反対になりがちです。

　反対者に対しては、まず、施設の建設や廃止について自治体としての必要性を誠心誠意説明し、理解を求めていくことが大切です。そして、近隣に可能な限り迷惑をかけないように配慮すること、その具体的な対応方法等を説明し、粘り強く対応していくことが必要です。

③議員への適切な対応が必要

　当該地区の地元議員の耳には、施設の建設や廃止に住民が反対していることはすぐに伝わり、地元の代表として、課長に対して計画の廃止を要求してくる場合があります。一方で、他の議員からは施設建設をすべきと言われ、両者に挟まれる形になりがちです。

　議員には、地元の代表としての立場があります。議員の立場を十分理解したうえで、議員の顔を潰さないように慎重に対応する必要があります。賛成・反対の意見を十分踏まえたうえで、これまでの説明が不足していたのであれば率直に謝罪し、施設の必要性、今後の対応方法等を説明して理解を求めていくことが必要となります。

3 想定 Q&A と評価ポイント

想定される質問例と回答例	評価ポイント
Q あなたが課長なら、まずどう対応しますか？ **A** 今回の場合、計画段階から地元議員に説明がなかったことを追及されていることから、前年度の議員や地域住民への保育所の建設に関する説明が不十分であったと考えられます。そこでまず、係長や職員から、どのような経緯で議員や地域住民に説明を行ってきたのかを聞き、正確な状況を把握します。	←まず正確な状況確認を行うことを示すことで、慎重で冷静なことをPRできています。
Q 議員や住民への事前説明が不足していたことがわかった場合、どう対応しますか？ **A** 説明の順序が間違っていたのであれば、まずその点について、議員や住民に率直に謝罪します。そして、どうしてこのような事態になったのかを具体的に説明します。そのうえで、市としての保育所の必要性を説明し、少しずつでも理解を求めていきます。	
Q 施設建設に反対している住民をどのように説得しますか？ **A** このような施設建設の場合、総論賛成、各論反対になりがちです。まず、市として待機児童が増加している現状と、その解消を望む声が強く寄せられていること、市として待機児童の解消をしていく必要があること、そのために必要な土地が、現在の予定地以外にないことをうったえます。そして、近隣に可能な限り迷惑をかけないように配慮すること、その具体的な対応方法等を説明し、理	←単に保育所の必要性をうったえるだけでなく、近隣に十分配慮していくことを示すことができています。

解を求めていきます。

Q 保育所の建設に反対している議員がいる一方で、賛成する議員も出てくると考えられますが、どう対応しますか？

A 確かに、保育所の建設に関しては、議員の中でも賛成派と反対派に分かれていると考えられます。市では待機児童が多く発生しており、市全体としての保育所の必要性は明らかであるため、反対派の議員に対しては、粘り強くその必要性をうったえつつ、具体的に地元住民が懸念していること、つまり、騒音の問題などについてしっかり対応していくことを説明し、理解を求めていきます。

←反対派の議員に対しても、懸念されている事項にしっかり対応していくことを粘り強く説明し、理解を求めていく姿勢が示せています。

Q このようなケースにおける議員への対応で重要なことは何だと思いますか？

A 反対している議員の背景には地域住民がおり、地域住民の要望も踏まえて反対をしていると考えられます。そのため、最終的に保育所を建設することになるとしても、地元の代表である議員としての顔を潰すことのないように配慮することが重要だと考えます。例えば、議員の指摘の内容を十分踏まえたうえで、保育所の建設後に近隣に迷惑がかからないよう細心の配慮を行い、地域住民にはその都度しっかりと説明を行いながら運営をしていくことを約束します。そして、実際に、丁寧に住民への対応をしていくことで、議員の顔を立てるようにしていきます。

←地元の代表である議員の顔をつぶさないよう配慮する姿勢がうかがえ高評価です。

第3章　これだけは押さえておきたい！　必須の事例式問題　101

11 課の業務調整

〈事例文〉

○ A課は、防災に関する業務全般を担う部署です。A課では、地域防災計画をはじめとする各種計画の企画・調整から、災害対策本部の訓練の実施、町会・自治会への訓練の指導、防災広場の管理まで非常に幅広い業務を扱っており、議会からの要望も多く、非常に残業が多い一方で、職員数は増えていない状況にあります。このような状況のなか、議会の強い要望から新規事業を実施することとなりました。このような状況下での新規事業実施の決定に対し、不満を口にする職員、反発する職員、残業の多さやストレス等からメンタルに不調をきたす職員も出ています。

1 面接官は何を聞きたいのか

　現在、自治体では、業務量が増加する一方で人員増ができない状況が続いており、恒常的に残業が発生している部署もあります。このような状況の中であっても、議会の要望や首長の意向で新規事業を実施しなければならない場合があります。職員の不満を解消しつつ、いかに業務を改善しながら新規事業を実施する時間を生み出していくかといった、管理職としてのマネジメント能力の有無を確認しようという事例です。

　課の業務調整というテーマでは、他にも、他課への応援依頼をいかに行うか、他の課との業務分担で揉めた場合にどうするかといった事例の出題も予想されます。

2 外してはいけないポイントはここ！

①対応の順番を間違えない

　残業が多い根本的な原因が人員の不足であったとしても、すぐに人員要求をするといった回答をしてしまうと、管理職としての資質を疑われてしまいます。まずは、現在の人員の中で、業務の見直しにより時間を生み出すことが第一です。それでも難しいようであれば、部内での業務の分担により課の業務を軽減することを検討します。それでも解決が難しいようであれば、人員要求を行っていくことも必要となります。

②業務の見直し、優先順位をつける

　業務量が増える一方で人員の増加が見込めない場合、業務の見直し・改善を行うとともに、場合によっては優先度の低い事業を廃止することも必要となります。また、業務の優先順位をつけて、優先度の低い業務は後回しにするといった対応をとっていくことも必要です。さらに、特定の時期に業務が集中しないよう、年間スケジュールを調整するといった工夫も必要です。

③部長や係長等とよく相談する

　厳しい状況の中で課の運営を適切に行っていくためには、課長一人で考えるのではなく、係長や係員も巻き込んで業務の優先順位や見直しできる業務等についてよく相談しながら進めていくことが重要です。

　部長に対しては、恒常的に残業があることやそのためにメンタルに不調をきたす職員がいる現状を正確に伝え、業務の優先順位や実施時期等についてよく相談し、理解を求めていくことも重要です。

④職員の理解を求め、チーム一丸となって取り組む

　職員の反発や不満が噴出する中では、新規事業の必要性について、職員とコミュニケーションをしっかりとりながら理解を求めていく必要があります。強引に業務をやらせるのではなく、いかに職員のモチベーションを高め、課というチームとして一丸となって取り組んでいく方向に向かわせられるかが、管理職としてのリーダーシップの見せ所となります。

第3章　これだけは押さえておきたい！　必須の事例式問題　**103**

3 想定 Q&A と評価ポイント

想定される質問例と回答例	評価ポイント

Q あなたが課長ならどうしますか？

A まず、現在の業務の見直しを行い、業務の効率化を図れる部分がないかについて、各係長を集めて一緒に検討します。場合によっては、優先度の低い事業は廃止するか、後回しにするという判断もしていきます。また、年間スケジュールを調整し、特定の時期に業務が集中しないように平準化を図ります。さらに、係間での業務配分を見直すことで新規事業を行う時間を生み出せないかについても検討し、対応していきます。

←業務の優先順位付け、スケジュール調整、業務配分の見直しといった複数の対応策が示されています。

Q 明らかに人員が不足している状況に思えますが、人員の増加を要求すべきではないのですか？

A まずは課内で、業務の効率化や業務配分の見直しによって対応することが第一であると考えます。それで対応が難しいようであれば、部内での業務の分担調整が可能かを部長や部内の各課長に相談し、それでも難しければ人員要求をしていくという流れで進めていくべきと考えます。

←面接官の質問にのせられてすぐに人員要求すると回答するのではなく、まずは課・部で対応すると冷静に答えることができています。

Q 残業が多い中で職員の反発がありますが、どう対応しますか？

A 職員に対して新規事業の必要性をうったえるとともに、業務の見直しや優先順位付けを実施することにより時間を生み出して、課として一丸となって対応していく必要について理解を求めていきます。

Q それだけで職員の不満や反発が解消されるとは思えないのですが？

A 業務の改善が目に見える形で進まない限り、職員の不満や反発が根本的に解決されることはないかもしれませんが、一人ひとりの職員としっかりとコミュニケーションをとりながら、一つひとつの業務の見直しを進めていくこと、繁忙期に業務が重ならないような工夫を提示していくことで、不満や反発を解消していきます。

Q 課長として、**多少の反発があっても新規事業をやらせるのもリーダーシップではありませんか？**

A 現実的な問題として、この状況では個々の反発や不満をすべて解消することは困難だと思います。反発や不満があっても新規事業自体は実施しなければなりませんので、最終的には職員に従ってもらうしかありませんが、そのプロセスの中では、各職員に誠実に向き合い、理解を求めていくことが必要と考えます。

Q メンタルに不調をきたす職員がいますが、どう対応しますか？

A 早めの対処が重要ですので、職員と面談をし、係長とも相談しながら、必要があれば産業医にも相談し、事務の負担を軽減するなどの対応をしていきます。

Q メンタルに不調をきたしている職員の事務負担を軽減すると、他の職員の負担が増加しますが、どう対応しますか？

A メンタルに不調をきたしている職員の業務を課としてカバーしていく必要を職員にうったえ、各係長と相談し、各職員に業務を割り当てて平準化しながら、対応していきます。

← このように、一度回答した内容に納得できずに再度質問をしてくることがあります。この回答のように、最初に回答した内容の完全な繰り返しではなく、若干視点を変えて回答することが重要です。

← 反対があっても、課長として職員を従わせなければならないことがあることは理解しつつ、職員と誠実に向き合う姿勢を示せており高評価です。

第3章 これだけは押さえておきたい！ 必須の事例式問題 105

12 問題のある係長への対応

〈事例文〉

○あなたが4月に赴任した課には2人の係長がいます。そのうち、事業系を担当しているA係長は、能力は高いのですが、プライドが非常に高くてスタンドプレーが目立ち、課長に相談せずに調整を進めることがしばしばあります。先日は、新規事業について、課長に相談のないまま町会長と調整を行い、内容が固まった後に課長に報告があり、トラブルとなりました。一方の庶務を担当しているB係長は、定年間近でモチベーションが低く、業務をしばしば係員に任せきりにしており、係員には不満が溜まっている状況にあります。

1 面接官は何を聞きたいのか

　管理職は、課の目標を達成するため、適宜、課の要である係長に指示を出して業務を遂行していく必要があります。ただ、その係長に問題があり、業務が進まないケースもあります。そのような問題のある係長を放置することなく、いかに指導を行い、改善させることができるかがこの事例に関する回答の評価ポイントとなります。

　問題のある係長への対応というテーマでは、他にも、課長の指示を無視する係長にどう対応するか、部下から信頼されていない係長にどう対応するかといった事例の出題が予想されます。

2 外してはいけないポイントはここ！

①しっかりと指導し、改善させる

　係長を含め、職員の指導や管理を行うのは管理職の重要な役割です。

係長が係員に与える影響は非常に大きく、問題のある係長を放置しておくと、職場全体の業務に支障が出るだけでなく、職員のモチベーションにも悪影響を与えてしまいます。

　そこで、問題のある係長に対しては、しっかりと指導し、改善させることが必要となります。その際には、具体的に問題となっている点を指摘し、改善を求める必要があります。また、係長の周囲に与える影響の大きさ、係長の行動が業務の停滞、係員の反発やモチベーションの低下を招いていることを伝え、改善を求めていくことが必要です。

②職員の特性を見極めて指導する

　職員の個性は人それぞれです。それを無視した一律的な指導では改善は見込めません。なぜ職員が問題のある行動をしてしまっているのか、その背景を把握することも重要です。もしかしたら、何か事情があるのかもしれません。まずはそれを把握しましょう。

　例えば、A係長のようにスタンドプレーが目立つ職員であれば、プライドが高く、自分に自信があり、自分の行動が絶対に正しいと思い込んでいる可能性があります。そのような職員に対して、頭ごなしに怒鳴りつけるような対応では、かえって反感を買い、後々のトラブルを招きかねません。本人のプライドを傷つけないよう、考えをよく聞き、主張をいったんは受け入れたうえで、少しずつ課長としての考えを示し、それに対する反応も見ながら指導をしていくことが有効です。

　B係長のように定年間際でやる気のない職員は、長い期間、仕事へのモチベーションが低い状態が続いており、真剣に仕事をしてこなかった可能性があります。そのような職員に対して、一方的に改善の指示を出すだけでは、状況はうまく改善しないこともありえます。そこで、例えば、課長と係長、係員とが一堂に会して業務の目標や進捗状況、課題等について議論する場を設定することで、問題のある係長の業務の進捗管理を課長が行い、業務がうまく進捗した場合には係長を褒めるなどにより、少しずつでも係長のモチベーションを向上させていくことも有効です。

第3章　これだけは押さえておきたい！　必須の事例式問題　107

3 想定 Q&A と評価ポイント

想定される質問例と回答例	評価ポイント

Q あなたが課長ならどうしますか？

A まず、A係長、B係長のそれぞれと、一対一でじっくりと話をします。係長に対して、現在の行動が課の業務の支障となっていることを伝え、改善を求めます。ただ、一方的に頭ごなしに叱りつけるようなことはせず、係長がなぜそのような行動をしてしまっているのか、係長の考えをよく聞き、受け入れつつ、改善を求めていきます。

← 係長の考えをよく聞き、受け入れながら改善を求めていく姿勢がストレートに表れています。

Q A係長は、課長に相談せずに独断で仕事を進めているようですが、具体的にどう対応しますか？

A A係長は、新規事業について課長に相談せずに町会長と調整し、内容を決めてしまっています。町会長等への対応は自治体としての意思決定があったうえで行わないと大きなトラブルを招くため、以後、このような対応を行わないよう注意します。そして、他の業務についても、課長にしっかり相談したうえで対応するよう改善を求めます。

Q A係長から、いちいち自治体としての意思決定をしたうえで調整などしていたら仕事が回らないと反発されたらどうしますか？

A 現場での判断に基づいて行う業務は多く、すべての業務について事前の意思決定に基づいて行動することは困難であることは認めつつも、重要な内容については現場で勝手に決定するのではなく、一度職場に持ち帰って課長に相談し、そのうえで正式な回答をするよう指導します。

← A係長の主張を受け入れつつも、しっかりと指導する意志をPRできています。

108

Q A係長はプライドが非常に高いようです。そう簡単に課長の言うことを聞き入れないのではないですか？

A プライドが高いという点を考慮して、頭ごなしに叱りつけるようなことはせず、A係長の考えをよく聞き、いつも助かっていることを伝えつつ、本人のプライドを傷つけないように慎重に話をしていきます。A係長の主張をいったんは受け入れたうえで、少しずつ課長としての考えを示し、それに対する反応も見ながら指導をしていきます。A係長の根本的な問題は、仕事を組織として行うという意識が欠けていることだと思いますので、その点について少しずつでも、粘り強く意識づけをしていきます。

←プライドの高さを考慮して、相手の反応も見ながら指導していく冷静な姿勢が高評価です。

Q B係長は、定年間際でやる気がないようですが、具体的にどう対応しますか？

A B係長が係員に業務を任せきりにしていることが、業務の停滞、係員の反発やモチベーションの低下を招いていることを伝えます。定年が間近でモチベーションが上がらないことはあるかもしれませんが、ベテラン係長の周囲に与える影響の大きさを伝え、改善を求めていきます。

Q そのくらいで改善されないのではないですか？

A B係長の役割を少しずつでも増やしていき、業務の進捗管理をさせます。そして、課長も同席して、係長と係員とで一緒に業務の目標や進捗状況、課題等について議論する場を設定します。それにより、係長に意識づけできますし、係員に対しては声かけによってモチベーションを低下させないようにすることもできると考えます。

←課長も同席して進捗管理や意識づけをするという具体的な改善方法を示すことができています。

第3章　これだけは押さえておきたい！　必須の事例式問題　109

13 議員への対応

〈事例文〉

○あなたが課長を務めるA課は、市内の公園等の建設や維持管理を行う部署です。ある日、議員からあなたのところに電話があり、非常に強い口調で次のように言ってきました。「B公園の設備については、以前からC党として改善を要望してきたが、前回の議会答弁では改善が難しいという回答だったはずだ。それにも関わらず、聞くところによると、地元の町会長が改善についてA課に働きかけ、つい先日、改善が行われたと聞いた。議員が言っても対応しないのに、町会長が言えば対応するのか。なぜこの件について議員に報告がなかったのか。これは議会軽視だ。この点については、次の議会の場で厳しく追及させてもらう」

1 面接官は何を聞きたいのか

　管理職にとって、議員への対応は最重要事項です。管理職が議員に対応する場面は、議会答弁のような公式の場だけでなく、直接、議員が管理職に住民からの要望を伝えてきたり、地域課題への対応を求めてきたりと多岐にわたります。そのような場合に、住民の代表としての議員の立場を十分理解したうえで、管理職として議員の顔を立てつつ、適切な対応をしていくことができるかを面接官は確認しています。

　議員への対応というテーマでは、例えば、職員のミスを議員から指摘された際にどう対応するか、議員からの業者紹介にどう対応するかといった様々な出題が予想されます。

2 外してはいけないポイントはここ！

①議員の立場を理解し、面子を潰さない

　議員には、住民から選ばれた地域の代表の立場と面子があります。これを十分理解したうえで、面子を潰さないように配慮します。

　議員が要望しても対応しないのに市民が要望したら対応した、地域の重要事項を市民は知っているのに議員には報告がなかった場合、議員は軽視されたと感じ、管理職がその怒りを買う可能性があります。

　もし、議員の面子を潰すような事態が発生してしまった場合には、議員に対して率直に謝罪をする必要があります。

②事実を正確に把握する

　今回の事例のように、議員から電話等で問題を指摘されることがありますが、勢いに押されて議員に言われたことを鵜呑みにしたり、適当なことを回答したりしてはいけません。

　まずは、今回の件について、議会においてどのような答弁をしていたのか、町会長からどのような働きかけがあり、どのような経緯で施設を改善するに至ったのかを正確に把握する必要があります。そのうえで、こちらに非があるのであれば、改めて当該議員に対して誠心誠意、謝罪をし、経緯を説明する必要があります。

③議員への報告の順番・方法に留意する

　住民に影響のある内容などについては、議員への報告が遅れると、先に住民やマスコミなどから情報が出てしまい、議員の心証を害する可能性があります。そこで、まずは電話やメール等で概略だけでも報告し、落ち着いた段階で詳細に説明をすることが重要です。

　議員への報告の順番や方法については、各自治体の慣例で決まっている場合がありますので事前に確認しておきましょう。庁内の調整を行わずに議員にいきなり報告してはいけません。一般的には、部長に相談し、報告すべき議員とその手順を確認する。副市長、市長に報告し、マスコミ報道等に関係する場合は広報課に相談する。各会派の長、所管委員会の委員に報告するといった手順となります。

3 想定 Q&A と評価ポイント

想定される質問例と回答例	評価ポイント
Q あなたが課長ならまず何をしますか？ **A** まず、議員に対して真摯に謝罪し、なぜこのような事態になってしまったのか、事実を正確に確認したうえで、改めて説明にうかがうことを伝えます。そして、すぐに係長を集めて、事実の確認を行います。特に、施設の改善について、過去に議会に対してどのような答弁をしていたのか、町会長からどのような働きかけがあり、どのような経緯で施設を改善するに至ったのかを正確に把握します。	←事実確認をしたうえで改めて説明する冷静さをPRできています。
Q 議員の言うとおり、当初は施設の改善ができないと答弁していたにも関わらず、その後、改善の見込みが出たことで改善を行っていたとしたらどうしますか？ **A** 今回の場合、議員及び議会への報告が漏れてしまっていたことが大きな問題であると考えます。議員に対しては、過去に施設の改善ができないと答弁していたけれども、その後、改善の見込みが出てきたことから改善を行ったこと、こちらの不手際で、その件について議員及び議会への報告が漏れてしまったことについて、誠心誠意、謝罪します。	←こちらに明らかに非があることがわかった以上、取り繕った発言をすることは危険です。報告が漏れてしまった不手際について誠心誠意謝罪し、正確な経緯をしっかりと説明する姿勢を示すことができています。
Q 議員が言っても対応しないのに町会長が言ったら対応するのか、議会軽視ではないかと言われていますが、どう対応しますか？	

A 町会長の要望のみを聞いて施設の改善を行ったわけではなく、あくまで施設の改善の見込みが出てきたから改善を行ったこと、決して議会を軽視しているわけではないことを説明します。そして、二度とこのような報告漏れが発生しないように注意することを伝えます。

Q 議員から、今回の件について議会の場で質問をすると言われていますが、その点についてはどう対応しますか?

A こちらから議会の場で質問すること自体を止めることはできませんので、真摯に謝罪し、誠意を示していきます。そして、議会の場で質問されてしまった場合を想定して、経緯を正しく説明できるよう準備をしておき、質問が来た場合には、まず真摯に謝罪をしたうえで、正確な経緯を説明したいと思います。

←議会の場で質問すること自体は議員の権限であり、それを止めることはできませんが、真摯に謝罪し、誠意を見せることは重要です。

Q 今回の事例に限らず、議員への報告について留意すべき点は何だと思いますか?

A まず、重要な内容については、迅速に議員に報告することが第一であると考えます。特に、市民に直接影響のある内容などについては、報告が遅れると、先に市民やマスコミなどから情報が出てしまい、報告を受けていなかった議員の心証を害する可能性があります。このようなことを防ぐためにも、まずは電話やメール等で概略だけでも報告し、落ち着いた段階で詳細に説明をするといった対応をとることが重要だと考えます。

←何より議員の面子を潰さないことが重要です。重要な案件については、取り急ぎ概略だけでも議員に伝えるという姿勢を示すことができており高評価です。

14 係間の調整

〈事例文〉

○あなたが課長を務めるA課には、管理や企画を担当するB係と、事業やイベント等を担当するC係の二つの係があります。ただ、二人の係長は以前から仲が悪く、それが他の係員にも影響しているためか、係間での情報共有やコミュニケーションはほとんど行われていない状況にあります。A課では、年度途中であっても新たな業務が発生するケースが多いのですが、明確にどちらの部署で対応するかが明らかではない部分も多く、連携して業務を実施するよう指示を出しても、二つの係間で押し付け合いがたびたび発生している状況にあります。

1 面接官は何を聞きたいのか

　管理職には、課としての目標を達成するため、各係に適切に指示を出して動かしていくことが求められます。ただ、時として、係間での業務の押し付け合いや係間でのトラブル等が発生することがあります。そのような場合に、管理職としていかに係間の調整を図り、業務を適切に遂行していくことができるかを面接官は確認しようとしています。

　係間の調整というテーマでは、他にも、特定の係だけが忙しくて不満が溜まっている場合にどう対応するか、係間でのトラブルにどう対応するかといった事例の出題が予想されます。

2 外してはいけないポイントはここ！

①事情をよく把握する

　係長は係のリーダーであり、係長の態度や行動は係員に大きな影響を

もたらします。係長同士の仲が悪い、トラブルがあるといった場合、その影響は他の係員にも及ぶ可能性があり、このような状況を放置すると様々な支障が生じます。

そこでまず、各係長と個別に話し合い、どのような事情があって係間で業務の押し付け合いが発生しているのか、情報共有やコミュニケーションが取れていないのかを把握するようにします。

②感情的な問題に配慮する

係長同士に感情的なしこりがあるようであれば、管理職がその原因を取り除く必要があります。そのためにも、何かきっかけがあったのかなどについても確認します。

この場合は、感情に配慮しながら対応することが大切です。頭ごなしに叱りつけてしまっては、さらに感情的なしこりが残りますので注意してください。

③係長を適切に指導する

係長は課の要となる存在であり、係長がうまく動かなければ、課としての成果を上げることは困難となります。係長には、係員よりも一つ上の視点に立ち、課全体の視点から考え、行動してもらう必要があります。課長には、日頃から係長へのこのような意識づけを図っていくことが求められます。

④係長や係員を巻き込んで情報共有・コミュニケーションを図る

情報共有やコミュニケーションが不足している職場では、隣の係や隣の職員が何をしているのかが見えず、それが元となって協力し合って仕事を進められないという事態が発生しがちです。

そこで、係長も係員も巻き込んで話し合う機会を持ち、係長や係員に現在の業務の状況や意見を述べてもらい、情報共有とコミュニケーションを図ることで、お互いの状況を理解し、連携して業務を進めていく必要性を理解してもらうといった対応が必要となります。

また、業務の実施の必要性と目標をしっかりと説明し、課が一丸となって目標の達成に向けて取り組んでいくようにする必要があります。

第3章 これだけは押さえておきたい！ 必須の事例式問題

3 想定 Q&A と評価ポイント

想定される質問例と回答例	評価ポイント

Q あなたが課長ならどう対応しますか？

A まず、B 係長と C 係長を別々に呼び、それぞれ と話をします。そして、各係間の連携やコミュニ ケーションがうまく図れていないことにより業務 が思うように進んでいないこと、課として成果を 上げていくことが重要であることを説明したうえ で、どのような事情があって連携が図れていない のかを聞き出します。また、係長同士の仲が悪い ようですので、話す中で、感情的なしこりがある のか、何かきっかけがあったのかなどについても 確認していきます。

←二人の係長の感 情的な問題を十 分考慮して各係 長と個別に話し 合い、事情を確 認しようとする 慎重さを示すこ とができていま す。

Q 確認した結果、係長間の感情的な問題が原因だっ たとしたらどう対応しますか？

A どのような部分で感情的になっているのかをよく 把握したうえで、各係長と個別に話し合います。 感情的になってしまった原因を取り除くのが一番 ではありますが、感情的なしこりが根深い場合、 そう簡単に関係を改善させることは難しいのかも しれません。ですがそうであったとしても、各係 長に対して、課として目標を達成していくために は係長間の連携、係間の連携が必要不可欠である ことをうったえ、少しずつでも関係改善ができる ように、課長として係間の橋渡しの役割を果たし ていきたいと思います。

←課長として、粘 り強く係間の橋 渡しの役割をは たしていく姿勢 を PR できてい ます。

Q 係間で業務の押し付け合いが発生しているようで すが、どのように調整しますか？

A 業務の押し付け合いが発生している原因はいくつかあると考えられますが、その一つとして、係間や係員の間で情報共有やコミュニケーションが不足していて、他の係や他の係員がどのような業務をしているのかが見えず、それゆえに相手のことをおもんばかることができないということがあるのではないかと思います。そこで、係長も係員も巻き込んで話し合いの機会を持ち、業務の実施の必要性と目標をしっかりと説明し、意識の共有を図ります。そして、係長や係員からも、現在の業務の状況や意見を述べてもらい、情報共有とコミュニケーションを図ります。それにより、お互いが大変な状況にあることを理解してもらい、大変な状況にあるからこそ、連携して業務を進めていく必要があるということを理解してもらいます。

Q そうは言っても、**各係とも業務量が多くて仕事を引き受けられないのだとしたらどうしますか？**

A まずは、各係で業務改善できる部分を見つけるよう指示を出し、少しでも改善を図って時間の余裕を生み出していきます。また、係長や係員と相談し、係内や係間での業務分担の見直しも含めて検討し、時間を生み出していきます。

Q **係長から反発されたらどうしますか？**

A 課として成果を上げていくことの必要性を説明し、粘り強く説得していきます。係長には、係員よりも一つ上の視点に立ち、課全体の視点から考え、行動してもらうことが重要だと考えます。そのためにも、日頃から課長として意識づけを図るとともに、係長会を定期的に開催するなどにより、他の係の状況を理解してもらうようにします。

← 情報共有やコミュニケーションの不足がもたらす弊害をよく踏まえたうえで、課長としての具体的な対応策を示すことができています。

←係長に対し、課全体の視点から考えてもらうよう意識づけを図ろうとする姿勢が高評価です。

第3章　これだけは押さえておきたい！　必須の事例式問題　117

第4章

これで合格！
面接本番の
絶対ルール

　面接官は、会話のキャッチボールができるか、理想論ばかり言っていないか、熱意があるか等、受験者の様々な側面を見たうえで、総合的に合否を判断します。「圧迫的な質問にカッとなって反論し、不合格」といった落とし穴にはまらないように、ここでは、試験本番で想定される事態への対応ルールを示します。このルールをしっかり頭に入れ、試験本番に臨みましょう。

1 一問一答を心がける

1 面接は会話のキャッチボール

　面接の基本は一問一答です。面接官は、一つのテーマについて一問一答を数回繰り返すことで、受験者の考え方や性格、能力等を詳細に確認します。

　ただ、よく、面接官が聞いていないことまで回答する人がいます。例えば、「過去の担当業務を教えてください」と聞かれた際に、聞かれていない体験談やそこから学んだこと等を長々と回答するケースです。面接官としては、最終的には過去の業務でどのような実績を上げてきたのか、困難だったことをどう乗り越えてきたかを確認しようとしており、その話の足がかりとして、まずはどのような業務を担当してきたかを聞いています。

　聞いていないことまで回答してしまうと、会話のキャッチボールが成り立たず、面接官に「人の話を聞けない人物」と判断されても仕方ありません。一問一答、会話のキャッチボールを心がけ、面接官が質問した内容を的確に理解したうえで、その内容だけにストレートに答えるようにしましょう。

2 ダラダラと話すのは禁物！

　一つの質問に対して数分間をかけてダラダラと回答してしまう人がいますが、これでは「話をまとめて、ポイントを絞って話すことができない人」と判断されてしまう可能性があります。

　結論をまず述べてからその詳細を述べることを常に意識して回答するようにしましょう。

2 理想論に終始せず 具体例を示す

1 面接官に理想論は通用しない

　理想論を述べることだけに終始する受験者がいます。面接官は、様々な経験を積んできたベテラン職員であり、行政の仕事が理想どおりに進まないことをよく知っています。理想論ばかりを言うと、面接官に、「現実を理解していない」と判断される危険性があります。例を示します。

> **Q** 昇任した際の心構えを教えてください。
>
> **A** 職員一人ひとりが創意工夫を発揮できるように、職員がものを言える、風通しのよい職場づくりに取り組んでいきたいです。

2 理想を語るなら具体例も示す

　理想論だけを述べており、これでは具体的に何をするのかがわかりません。そこで、例えば、次のように回答するとよいでしょう。

> **A** 職員一人ひとりが創意工夫を発揮できるように、職員がものを言える、風通しのよい職場づくりに取り組んでいきたいです。例えば、プロジェクトごとに定期的に打ち合わせを行い、課題について議論し、自由に意見を出してもらいます。そこで出てきた職員の意見で有効なものについては積極的に採用します。また、積極的に職員に声かけし、意見を聞いていきます。これにより、職員がものを言いやすい雰囲気づくりをするとともに、職員の創意工夫を引き出していきます。

　この回答であれば、理想を実現するために具体的に何をしていくのかが明確にわかります。常に具体例を示すようにしましょう。

第4章　これで合格！　面接本番の絶対ルール　121

3 謙遜し過ぎない、不利なことはあえて言わない

1 面接では自信を持って前向きに！

面接は、受験者の良い部分を PR する場です。「自分は行動力がない」「自信がない」といったような回答は、たとえ謙遜だったとしても不利に働く可能性があります。例えば、次のようなやりとりです。

> **Q** 係長の志望理由を教えてください。
>
> **A** 私は、もともと引っ込み思案で、思ったことを行動に移すのが苦手です。ただ、尊敬する係長の仕事ぶりを見るうちに、自分も係長として仕事をしてみたいと考えるようになりました。今も、正直なところあまり自信がない部分がありますが、頑張って取り組んでいきたいと思います。

もしかしたら本人は謙遜のつもりで言っているのかもしれませんが、面接官によっては、「自信のない、頼りない人物」と受け取られてしまう危険性があります。

自分の不利になる可能性のあることをあえて言う必要はありません。この例であれば、「尊敬する係長の仕事ぶりを見るうちに、自分も一つ上の係長としての立場から成果を上げ、地域に貢献していきたいと考えるようになった」というように前向きな発言を心がけるようにしましょう。

2 性格まで取り繕う必要はなし

自治体の昇任試験面接の場合、面接官が受験者の性格等をよく知っている可能性もあります。自分のキャラクターとあまりに異なるような発言をすると、ウソをついているようにとらえられる可能性もありますので注意しましょう。

4 本音を言い過ぎない

1 面接官の立場を考慮する

　面接官は、受験者の本音の部分を聞き出したいと思っています。ただ、本音を言い過ぎるのにも問題があります。次のようなやりとりです。

Q　市の組織管理・運営面で改善したいことは何ですか？

A　行政評価制度は、毎年度、恒例行事のように惰性で行われ、職員は何も考えずに評価シートの項目を埋めるだけになっています。このような制度の存続は無意味であり、私が管理職になった場合には、廃止も含めて検討していきたいと考えています。

　受験者の本音であり、指摘内容がもっともであったとしても、これを聞いた面接官は自分が批判されているようで気分を害す可能性があります。そして、「面接という場で市の批判をする人＝内外に対して市の批判を言う、係長や管理職に向かない人」と判断される可能性があります。

2 課題を指摘するときは改善姿勢も見せる

　そこで、例えば、次のように回答すれば、課題をしっかり認識したうえで前向きに改善していこうという姿勢が見え、高評価となります。

A　行政評価制度は、事務事業の進捗を確認し、説明責任を果たすツールとして有効ですが、一方で、評価作業の負担が重く、評価疲れが起こっている状況も一部で見受けられます。そこで、すべての事務事業を評価するのではなく、年度ごとに重点的に評価する施策や事務事業を設定し、詳細な評価をする手法も有効と考えており、具体的に検討していきたいと思います。

第4章　これで合格！　面接本番の絶対ルール　**123**

5 沈黙は可能な限り避ける

1 面接では、「沈黙は金」にならない

面接では緊張して当然です。また、想定外の質問が出ることもあり、言葉に詰まることは誰にでもあります。少し言葉に詰まった程度であれば、減点となることはありません。

ただ、長時間の沈黙があると、「想定外の質問や事態に対応できない人」ととらえられ、評価が下がる可能性があります。

2 言葉に窮したときこそ心を落ち着かせる

すぐに回答が思いつかない場合は、次の例のように、「少々お時間をいただけますでしょうか？」と言うなど、いったん間を持たせて、心を落ち着かせてから回答するようにしましょう。

Q 少し話題を変えますが、最近の社会問題で注目していることは何ですか？

A ……（回答が思いつかず、沈黙）

申し訳ありません。少々お時間をいただけますでしょうか？

……（沈黙）

はい。最近の社会問題としては、人口減少の問題に注目しています。人口推計上では、当市の人口減少は比較的緩やかと言われていますが、人口減少は地域経済の衰退やコミュニティの衰退をもたらします。市としても、このまちに住み続けたい、子育てをしたいと思ってもらえるようなまちづくりを進めていくなどにより、人口減少を食い止めていくことが必要と考えます。

---

6 ウソや取り繕った回答は避ける

1 面接官の目・耳はごまかせない

　面接官は様々な経験を積んできたベテラン職員です。また、自治体の昇任試験の場合、面接官が受験者のことをよく知っている上司である可能性もあります。

　実際に実施したことのないことをしたとウソをついても、見破られる可能性があります。ウソの部分を追及されると、さらにウソをつかなければならなくなり、最後には話の辻褄が合わなくなって言葉に詰まってしまうということになりかねません。

　その場だけ取り繕ったような回答は見破られると思っておいたほうがよいでしょう。見破られた場合の減点は非常に大きなものとなりますので注意しましょう。

2 自分の言葉で答える、完璧を求めない

　面接試験を受けるにあたって、想定Ｑ＆Ａをつくり、事前準備をしておくことは非常に重要です。ただ、想定Ｑ＆Ａを丸暗記し、暗記した内容を無感情に答えるのでは、面接官の印象に残らず、高い評価は望めません。

　面接試験では職員としての総合力が確認されるのであり、完璧に回答できなくても、時々言葉に詰まってしまったとしても、自分の言葉で語ることでその内容に説得力が生まれます。完璧に答えようという気持ちはわかりますが、それを捨てて、自分の言葉で答えることを心がけましょう。

第4章 これで合格！ 面接本番の絶対ルール **125**

7 圧迫面接や意地悪な質問をされても反論しない

1 面接官の態度にも惑わされない

　いわゆる圧迫面接のように、面接官が高圧的な態度で否定的な質問をしてくることがあります。また、圧迫面接とまではいかなくても、意地悪な質問を投げかけられることもあります。

　近年、係長や管理職の担う役割が増大する中で、係長や管理職に昇任してもその重責に耐え切れず、メンタルに不調をきたし、降格してしまう職員もいます。圧迫面接や意地悪な質問は、受験者が係長や管理職に必要なメンタルの強さやストレス耐性があるかを見るために行われます。

　このことを十分理解しておき、たとえ強い調子で質問をされたとしても、カッとなって面接官に反論したり、動揺したり、迎合したりしてはいけません。係長や管理職になると、たとえ理不尽なことがあっても耐えなければならない場面が出てきます。圧迫面接等でうまく対応できない人は、ストレス耐性が弱い人と判断されてしまう危険があります。

2 ムキになって反論してはダメ！

　例えば、回答した内容に対して、「認識が甘すぎませんか？　もっとしっかりした対応はないのですか？」「そんな対応で解決できるとは到底思えないのですが？」といった追加質問が行われます。

　その場合、まずは心を落ち着かせ、「認識が甘いというご指摘ですが、先ほど申し上げた対応策以外にも、……といった対応を行うことも、課題を解決する上で有効であると考えます」と反論するのでもなく、迎合するのでもなく、若干視点を変えて回答することが有効です。

　どうしても回答が思いつかない場合は、「勉強不足で申し訳ございません」と答えたほうが、ムキになって反論するよりはよいでしょう。

8 「他には？」の連発には視点をかえて回答

1 事例の対応策は一つではない

　事例式面接では、「他にはありませんか？」と、矢継ぎ早に連続して質問を受けることがあります。

　例えば、職員が不祥事を起こした事例が出題された場合、まず、「あなたが課長ならどう対応しますか？」という質問に受験者が回答した後、「他にはありませんか？」と質問されます。別の対応を回答すると、さらに「他にはありませんか？」と、しばらくこれが繰り返されます。

　このような質問を連続して受けると次第に回答することがなくなり、受験者は焦りを感じます。面接官がこのような質問をする意図は、受験者が想定されるあらゆる対応策を絞り出して回答できるかを見ることと、矢継ぎ早に質問された場合にも動揺せずに対応できるかを見ることです。面接官が想定する対応策が複数あるのに、受験者が十分な対応策を回答できなかった場合、減点となる可能性があります。

2 事例対応のパターンを思い出す

　回答のポイントとしては、基本的な対応の流れを頭に入れておき、流れに基づきながら様々な視点を加えて対応を絞り出していくことです。不祥事への対応であれば、事実確認、庁内報告、議員・マスコミ対応、再発防止策の検討といった基本的な流れがあります。これに加え、部下をどう動かすか、どう謝罪するか、職員の危機管理意識をどう醸成するかといった視点を入れながら対応を示していきます。第3章の事例式問題の類型とパターンをしっかり頭に入れて準備しておきましょう。

　面接官が想定する対応策を概ね回答できていれば、回答する内容がなくなった旨を正直に伝えても減点にはなりません。

第4章　これで合格！　面接本番の絶対ルール　127

9 最後に必要なのは 熱意と勇気

1 熱意を見せる

　最後に面接の合否を分けるのは、受験者に熱意があるかどうかです。無感情で淡々と回答する人より、熱意が感じられる人のほうが高く評価される可能性は高くなります。

　志望理由についての質問の際に「市政を変えたい」というストレートな熱意を示すのももちろんよいですが、面接官との様々な質疑応答の中で、熱意があることをアピールできるよう、前向きで積極的な回答をしていくことが有効です。

2 回答の矛盾に気づいたら柔軟に訂正する

　事例式面接では、時として面接官から回答内容の矛盾を指摘されることがあります。このような場合に、はじめに回答した内容にこだわり続けると、さらに厳しい追及を受け、ボロが出る可能性があります。

　自分で矛盾に気付いた場合には、早い段階で、勇気をもって、柔軟に回答を訂正することも必要です。

　以上、最短距離で面接を突破するための回答のノウハウや勉強の仕方等を示してきました。ここまで本書をしっかり読んだ方には、合格面接の一通りのノウハウが身に付いているはずです。面接本番まで限られた時間しかないかもしれませんが、本書で学んだノウハウに基づき、繰り返し本番を想定した訓練をしてみてください。そして、自信を持って面接に臨んでください。その先に、必ずや合格が待っているはずです。

　皆さんが見事、昇任試験に合格し、自治体を牽引するリーダーとしてご活躍されることを心からお祈りいたします。

【編著】

地方公務員面接研究会

【本書執筆】

森田　修康（もりた・なおやす）

関東地方の自治体の管理職。
メーカーを退職後、自治体に入庁。これまで、自治体で、
企画、情報システム、都市計画、防災などの業務を担当。
その他、大学の招聘研究員として研究活動も行っている。

昇任試験
合格面接の絶対ルール

2018年 6 月25日　初版発行
2023年 1 月30日　4 刷発行

編著者　地方公務員面接研究会
発行者　佐久間重嘉
発行所　学陽書房
　　　　〒102-0072　東京都千代田区飯田橋 1 - 9 - 3
　　　　営業部／電話　03-3261-1111　FAX　03-5211-3300
　　　　編集部／電話　03-3261-1112
　　　　http://www.gakuyo.co.jp/

ブックデザイン／佐藤　博
DTP制作・印刷／精文堂印刷
製本／東京美術紙工

Ⓒ地方公務員面接研究会 2018, Printed in Japan
ISBN 978-4-313-21079-0　C2032
※乱丁・落丁本は、送料小社負担にてお取り替えいたします。

JCOPY ＜出版者著作権管理機構 委託出版物＞
本書の無断複製は著作権法上での例外を除き禁じられています。複製される
場合は、そのつど事前に、出版者著作権管理機構（電話03-5244-5088、FAX
03-5244-5089、e-mail: info@jcopy.or.jp）の許諾を得てください。

◎学陽書房の本◎

タイプ別質問の傾向と対策、面接官が納得する回答のコツがわかる！

リアルな問答例をもとに評価される回答の仕方をわかりやすく解説。「良い回答例」「悪い回答例」を読めば、ウッカリミスや失敗を回避できる！

昇任試験　受かる人と落ちる人の面接回答例

地方公務員昇任面接研究会 ［著］
四六判並製／定価 2,090円（10%税込）

◎学陽書房の本◎

最短時間で最大の効果を発揮する 論文試験対策を紹介！

出題者の意図、採点ポイントを熟知した著者が、すぐに合格論文を書くためのテクニック、完成論文のパターン、技術的な書き方を紹介！

採点ポイントがよくわかる！
昇任試験論文のすごい書き方

地方公務員昇任論文研究会 [著]
A5判並製／定価 2,420円（10％税込）

◎学陽書房の本◎

本試験の頻出テーマごとに完成論文例を収録した便利な本！

論文を書く際に必須の、外してはいけないポイント、課題と対応策、実際の完成論文例をワンセットにして、おさえておきたい45のテーマを収録！

昇任試験　合格論文の絶対ルール

地方公務員論文研究会［編著］
A5判並製／定価 2,420円（10%税込）